Learning Through
Basic Grammar
English Reading Manual

基本文法から学ぶ
英語リーディング教本
実践演習

薬袋善郎
Yoshiro Minai

研究社

はじめに

本書はどういう本か

『基本文法から学ぶ 英語リーディング教本』（以下『黄リー教』）は**「品詞と働きと活用の相互関係に基づいて英文を正確に読み書きする技術」**を教え、訓練する本です。**本書は「黄リー教で学んだ技術」を実践的に使って確認し、さらに磨きをかけるためのDrill Bookです。**

『黄リー教』は収録した英文に徹底的な解説を加えています。読者はそれを熟読し、さらに『徹底反復練習』の「質問のQ＆A」と「問題英文のQ＆A」でスラ練（＝Answerをスラスラ言えるようにする練習）を繰り返すことによって、完全に理解し、技術を身につけることができます。そうすると、次は当然、初見の英文で、自分の理解・技術を試したくなります。そういう人のために、最初歩から上級に近いレベルまで277の英文を精選して、構造図、読み下し訳、和訳、解説を付けたのが本書です。解説中には『黄リー教』の参照ページを示しました。[注1]

注1 「▶ p. 80」は（本書のp. 80ではなく）『黄リー教』のp. 80を指しています。ただし、「▶中学42」は本書の「中学1年生で学ぶ英文」の英文番号、「▶ No. 37」は本書の「ドリル初級・中級」の英文番号を示しています。

推論と類推

『徹底反復練習』の「はじめに」にも書きましたが、構文を考えるときは、「（理屈に基づく）推論」だけでなく、「似た英文の構造がこうだから、この英文の構造もこうじゃないか？ これで構造的に矛盾しないし、意味も通っている。だからきっとこう読むんだ！」という「（ほかの英文と比較する）類推」が働いています。**「類推」が働くためには「正しい構造と和訳を言える英文のストック」をたくさん持っている必要があります。**英文を暗記するのではありません。英文を見て正しい構造と和訳を言えるようにするのです。[注2]

『黄リー教』の問題英文は全部で111文です。これに本書の277文を加えて、合計388文を「正しい構造と和訳を言える英文のストック」にすれば、「類推力」は飛躍的に高まります。この「類推力」と『徹底反復練習』のスラ練で培った「推論力」を駆使すれば、ほとんどの英文は正しく構造を認識できます。ここから漏れた英文構造は、出てきたときに「モグラ叩きノート」[注3]に記載して、各個撃破で潰していけばよいのです。

注2　英文を見て構造と和訳を言えるようになると、暗記するときも英文全体を丸暗記する必要がなくなります。使えるフレーズを暗記しておけば、それを自分で組み合わせて英文を作れるからです。

注3　「モグラ叩きノート」は別名「落穂ひろいノート」とも言います。これは、F.o.R. 習得後（習得中でもよい）に英文を読んでいて知らないことに出会ったら、重要度・性質・順番・体裁にこだわらず、片端から記入するノートです。体系的に勉強するのは『黄リー教』に任せて、『黄リー教』に出ていないことに出会ったら、各個撃破で攻略するのです。体系が頭の中にできている人は、整理はノート上でする必要はありません（＝キレイな整理されたノートを作る必要はありません）。頭の中で、自然に整理されるのです。

本書の構成

本書は以下の 6 つの Part で構成されています。

Part 1 問題英文一覧
Part 2 中学 1 年生で学ぶ英文（No. 1–45）
Part 3 ドリル初級（No. 1–200）
Part 4 ドリル中級（No. 201–232）
Part 5 F.o.R. 検定テスト（初級 A 問題）
Part 6 F.o.R. 検定テスト（初級 B 問題）

「ドリル初級」はさらに以下の 6 つに分かれます。

No. 1–10　（Lesson 1–2 に対応）
No. 11–20　（Lesson 3–4 に対応）
No. 21–66　（Lesson 5–6 に対応）
No. 67–86　（Lesson 7–10 に対応）
No. 87–138　（Lesson 11–16 に対応）
No. 139–200　（Lesson 17–21 に対応）

問題英文一覧

Part 1 には Part 2〜6 の英文のみがまとめて収録されています。「中学 1 年生で学ぶ英文」は、すぐに Part 2 の解説を読んでよいです。「ドリル初級・中級」は、まず Part 1 の英文を、辞書を使って精読し（英文を写し、構造図を記入して、和訳を書いたら理想的です）、その後で Part 3, 4 の解説を読んでください。「F.o.R. 検定テスト」は、Part 5, 6 を指定通りに解き、解説を理解した後で、復習用として Part 1 を活用してください。

各英文には、正方形を対角線で 4 つに区切ったチェックボックス（＝☒）が 2 つ付いています。1 回履修するごとに 1 区画を塗りつぶして、最低 8 回履修してください。

中学 1 年生で学ぶ英文

「中学 1 年生で学ぶ英文」は、中学 1 年の検定教科書に出てくる英文を『黄リー教』のシステム（＝F.o.R.）で解説したものです。日常生活で使われる口語的な表現ばかりですが、構造的には省略や破格があって、F.o.R. に慣れていないと戸惑う場合が多いです。読者のみなさんは、Part 3 以降をメインに取り組みながら、時折 Part 2 に目を通して、構造面からの理解を深めてください。Part 3 よりも前に Part 2 があるからといって、決して「中学 1 年生で学ぶ英文から始めてください」という趣旨ではありません（そうしてもかまいませんが）。

ドリル初級

『黄リー教』の Lesson をひとつ読み終えたら、『徹底反復練習』を使って、その Lesson の「質問の Q & A」と「問題英文の Q & A」をスラ練します。完璧でなくても、ほぼ滑らかに言えるようになったら、次の Lesson に進みます。これが『黄リー教』の理想的な勉強法です。

このようにして Lesson 1 と 2 を終えたら、Lesson 3 に進む前に、本書の「ドリル初級」の「No. 1–10（Lesson 1–2 に対応）」の英文を読んでみる。Lesson 3 と 4 を終えたら、Lesson 5 に進む前に、本書の「ドリル初級」の「No. 11–20（Lesson 3–4 に対応）」の英文を読んでみる。これが、本書のひとつのやり方です。このようにして、レッスンを終えるごとに「黄リー教→徹底反復練習→実践演習」の順番でやっていくと、「理解」に加えて「推論力」と「類推力」をバランスよく養成することができます。

しかし、これには難点があります。それは『黄リー教』を1周終えるのに非常に時間がかかるということです。『黄リー教』を読んで、質問のスラ練をやるだけで、標準的な所要時間は3か月です（1日1時間使う計画です）。これに「問題英文のスラ練」と本書の「ドリル初級」を加えたら、おそらく1周終えるのに6か月くらいかかります。もちろん、『黄リー教』を勉強して起こる「変容」は「一生もの」で、しかも「黄リー教＋徹底反復練習＋実践演習」をやった場合に起こる「変容」は完璧ですから、半年なら短いくらいです。

ただ、「不完全でもいいから早く全体像を見極めたい」という人もいます。全体像を把握してからの方が各部を理解しやすいことも事実です。そこで、本書のもうひとつのやり方として、『黄リー教』の1周目は本書に手を出さず、「2周目に入ってから本書を併用する」というやり方があります。これもよい方法です。

ドリル中級

「ドリル中級」は、品詞と働きと活用の相互関係に基づいて英文を読むことに慣れてきた人のために、「『黄リー教』では説明していない構造を含んだ英文」や「やや構造が複雑な英文」を集めたものです。これくらいの英文が難なく読めれば、普通の英文なら構造把握で困ることはなくなります。

F.o.R. 検定テスト

「F.o.R. 検定テスト」は辞書使用可のテストです。初級レベルなので難問はありませんが、『黄リー教』の全分野から出題されています。ですから『黄リー教』の1周目が終わってから取り組んでみてください。私が私塾（薬袋塾）をやっていたときは、塾生はF.o.R. 特訓[注4]を受けることが義務付けられていました。その際、まずこの「F.o.R. 検定テスト」を受けて、80点以上を取らないとF.o.R. 特訓が受けられませんでした。このテストで自分の理解度を試してみてください。

注4　課題とされた英文について、先生対生徒1～4名で、あらゆる角度から質疑応答を行ない、「品詞・働き・活用を使って読み書きする技術」を養成する特訓。

性悪《しょうわる》 Sentence

本書で取り上げた277の英文の中には、何度読んでも読みにくくて、正しく認識できないものがあります（どの英文がそうなるかは人によって違います）。そういう英文は相性が悪いのです。そういう**性悪 Sentence はマークして、毎日読み返す**ようにすれば、ほどなく手なずけることができます。

『黄リー教』サポート情報

『黄リー教』発刊以来、Twitter上には「黄リー教を楽しむ会」が結成され、Twitterを通じて多くの読者から感想をいただいたり、質問を受けたり、それに答えたりしてきました。このやりとりを通して、「黄リー教の効果的な読み方」や「読者がつまづくところ」や「補足説明した方がよいところ」などについて多くの知見・情報が蓄積されました。これらを整理して、私のHP上で公開しています。

また、私と生徒の問答（＝F.o.R. 特訓）を録音したデータも公開しています。**「黄リー教サポート情報」は必ず参考になりますから、閲覧・視聴して『黄リー教』の学習に役立ててください。**私のHPは「薬袋善郎の公式ウェブサイト」で検索すると見つかります。

本書の作成にあたっては、David Chart先生（Ph.D. Cantab.）と研究社編集部の鎌倉彩さんに大変お世話になりました。この場を借りて厚くお礼を申し上げます。ありがとうございました。

令和5年5月　　薬袋善郎

目　次

記号一覧表

S	主語
O	動詞の目的語
C	補語
①	完全自動詞
②	不完全自動詞
③	完全他動詞
④	授与動詞
⑤	不完全他動詞
－③	完全他動詞の受身形
－④	授与動詞の受身形
－⑤	不完全他動詞の受身形
n	名詞
a	形容詞
ad	副詞
aux	助動詞
＋	等位接続詞
接	従属接続詞
p.p.	過去分詞
［　］	名詞節
（　）	形容詞節
〈　〉	副詞節
┬	準動詞

Part 1

問題英文一覧

『黄リー教』本体に出ている英文は「力試しのテスト」ではなく、「類推の基礎」にするためのストック化用の英文です。ですから、最初からヤオ錬→ノロ錬→スラ錬をやって『徹底反復練習』の Questions に「遅滞なく即答できる」ようにすることが大事です。「読める・読めない」に一喜一憂するのは本末転倒です。

それに対し、本書の「ドリル初級・中級」の 232 題の英文は「力試しのテスト」です。すぐに Part 3, 4 の解説を読まず、先にこの Part 1 の英文を読んで、『黄リー教』と『徹底反復練習』で身につけた「英文を正確に読み書きする技術」をどれくらい使えるか試してください。辞書も積極的に使ってください。

「中学 1 年生で学ぶ英文」45 題と「ドリル初級・中級」232 題の英文には、『黄リー教』で説明されていない表現も含まれています。そういう表現は解説を熟読して「モグラ叩きノート」(▶ p. iv) に記載し、折に触れて見返してください。

「F.o.R. 検定テスト」は 2 回分あります。まとまった時間 (各 1 時間) を取れるときに、Part 5, 6 の問題をそれぞれ一度に解いて、基礎力をチェックしてください。

Part 2〜6 に取り組み、解説を読んで理解したら、その後はまた Part 1 に戻り、英文を見ながら構造と和訳を言う練習を繰り返して、「類推の基礎」である「正しい構造と和訳を言える英文のストック」にしてください。

ヤオ錬: ＝八百長練習。すぐに答えと解説を見て、英文構造と和訳を言えるようにする練習。
ノロ練: 英文構造と和訳を、つっかえながら、ノロノロでいいから言えるようにする練習。
スラ錬: スラスラ答えが言えるようにする練習。
F.o.R.: Frame of Reference (英語構文の判断枠組み) の略称。品詞・働き・活用の相互関係に基づいて英文構造を判断する枠組み。

Part 2　中学 1 年生で学ぶ英文

☒☒ 1. Thank you very much.

☒☒ 2. You’re welcome.

☒☒ 3. Here you are.

☒☒ 4. It’s under the bed.

☒☒ 5. Where is the bathroom?

☒☒ 6. Are you tired?

☒☒ 7. Yes, I am. / No, I’m not.

☒☒ 8. Who’s absent?

☒☒ 9. Who’s that girl?

☒☒ 10. Did you have fun last evening?

☒☒ 11. Yes, I did. / No, I didn’t.

☒☒ 12. Don’t play the trumpet.

☒☒ 13. I visited a friend of mine in Nagoya.

☒☒ 14. Excuse me.

☒☒ 15. The rabbit ran into a hole in the ground and disappeared.

☒☒ 16. How many coins do you have in your hand?

☒☒ 17. How does she go to work every day?

☒☒ 18. How are you, Henry?

☒☒ 19. How beautiful this flower is!

☒☒ 20. Can you help me with today's homework?

☒☒ 21. I can't do any of those things.

☒☒ 22. What is he like?

☒☒ 23. I am working as a nurse at a hospital.

☒☒ 24. He's sixteen years old.

☒☒ 25. She often tells interesting stories.

☒☒ 26. I don't like it at all.

☒☒ 27. How many times did you try it?

☒☒ 28. What day is it today?

☒☒ 29. What's the date today?

☒☒ 30. What's the matter with you?

☒☒ 31. Where is he from?

☒☒ 32. Let's sing a song loudly.

☒☒ 33. Nice to meet you.

☒☒ 34. Do you know why she is absent today?

☒☒ 35. I smiled because the girl was lovely.

☒☒ 36. Why did you smile? —— Because the girl was lovely.

☒☒ 37. I am looking forward to the summer holidays.

☒☒ 38. Anything else?

☒☒ 39. What a lot of people!

☒☒ 40. How about you?

☒☒ 41. My father, a taxi driver, knew every street there.

☒☒ 42. She's Ms. White, our English teacher.

☒☒ 43. Which do you want, coffee or tea?

☒☒ 44. Whose bag is this?

☒☒ 45. Which bag is yours?

Part 3　ドリル初級

Lesson 1, 2

☒☒　1. travel alone

☒☒　2. like Japanese food very much

☒☒　3. ask that person again

☒☒　4. give you another chance

☒☒　5. live together happily

☒☒　6. heartily enjoy this wonderful meal

☒☒　7. answer the question honestly

☒☒　8. expect perfectly wonderful weather

☒☒　9. send the most able young woman abroad

☒☒　10. create a competitive national market

語注　1. travel: 旅行する　alone: 一人で　2. like: 好む　Japanese: 日本の　food: 食べ物　very: 非常に　much: たくさん　3. ask: 尋ねる　that: あの　person: 人　again: 再び　4. give: 与える　you: あなた　another: 別の　chance: 機会　5. live: 暮らす　together: 一緒に　happily: 幸せに　6. heartily: 心から　enjoy: 楽しむ　this: この　wonderful: 素晴らしい　meal: 食事　7. answer: 答える　question: 質問　honestly: 正直に　8. expect: 予想する　perfectly: 完全に　wonderful: 素晴らしい　weather: 天気　9. send: 送る　most: 最も　able: 有能な　young: 若い　woman: 女性　abroad: 海外に　10. create: 作り出す　competitive: 競争的な　national: 国内の　market: 市場

Lesson 3, 4

☒☒ 11. Nearly all the houses were shabby.

☒☒ 12. *Webster's* is my only dictionary.

☒☒ 13. That's quite another matter.

☒☒ 14. Chris paints women's portraits.

☒☒ 15. There's a new car outside.

☒☒ 16. How beautiful this flower is!

☒☒ 17. He never breaks his promise.

☒☒ 18. Jack's brother sometimes loses his hopes.

☒☒ 19. He set the dogs loose.

☒☒ 20. He got Betty's parents' consent.

語注 11. Nearly: ほとんど　all: すべての　house: 家　shabby: みすぼらしい　12. *Webster's*: ウエブスター辞典　my: 私の　only: 唯一の　dictionary: 辞書　13. That: それ　quite: まったく　another: 別の　matter: 事柄　14. Chris: クリス（人名）　paint: 描く　women: 女性（複数）　portrait: 肖像画　15. new: 新しい　car: 車　outside: 外に　16. How: なんて　beautiful: 美しい　this: この　flower: 花　17. never: 決して . . . ない　break: 破る　his: 彼の　promise: 約束　18. Jack: ジャック（人名）　brother: 兄弟　sometimes: 時々　lose: 失う　hope: 希望　19. set: （ある状態に）した　dog: 犬　loose: 縛っていない　20. got: 得た　Betty: ベティ（人名）　parent: 親　consent: 同意

Lesson 5, 6

☒☒ 21. The final plan differs greatly from the original one.

☒☒ 22. The man had meals at regular times every day.

☒☒ 23. Is Sunday convenient for you?

☒☒ 24. The teacher gave me many helpful hints for new students.

☒☒ 25. There is something peculiar about him.

☒☒ 26. I took her to a place famous for its beauty.

☒☒ 27. At the seashore the air feels cold.

☒☒ 28. I found the weather very cold in Finland.

☒☒ 29. They were all hungry and the food smelt good.

☒☒ 30. This book sells well.

☒☒ 31. She put her son to bed, and sang him a lullaby.

☒☒ 32. My sister was fast asleep.

☒☒ 33. The district has the soil favorable to rapid growth.

☒☒ 34. His house stands on a hill, and on windy days he has to keep the windows closed.

☒☒ 35. The climate of this country is like that of Japan.

☒☒ 36. He lives in a small house close to the river.

☒☒ 37. Would you like bacon and eggs for breakfast?

☒☒ 38. You will be sorry for this error someday.

☒☒ 39. Careless driving may cost you your life.

☒☒ 40. The magician changed her into a doll.

☒☒ 41. There isn’t a room available tonight.

☒☒ 42. He felt ashamed of himself.

☒☒ 43. Would you please spare me a few minutes?

☒☒ 44. That student is still a mere child.

☒☒ 45. He laid himself on a sofa.

☒☒ 46. Here once stood a huge oak.

☒☒ 47. The team’s English is poor except the captain’s, and his is excellent.

☒☒ 48. His poor explanation made them tired of his lesson.

☒☒ 49. The window of this room doesn’t close easily.

☒☒ 50. Be of good cheer.

☒☒ 51. Lots of turtles climb onto the beach and lay their eggs in the sand.

⊠⊠ 52. My coat is quite shabby, and so I must get myself a new one.

⊠⊠ 53. After retirement he lived a life free of anxiety.

⊠⊠ 54. Meat easily goes bad in summer.

⊠⊠ 55. There once lived a rich merchant here.

⊠⊠ 56. My watch is a quarter of an hour slow.

⊠⊠ 57. The mistake never did anyone much harm.

⊠⊠ 58. He bought items necessary for daily life.

⊠⊠ 59. How often a day does the bus run?

⊠⊠ 60. This novel of his is inferior to the previous one.

⊠⊠ 61. A cup of coffee at night keeps me awake all night.

⊠⊠ 62. He is by nature a kind fellow.

⊠⊠ 63. We have enough oranges for all of us.

⊠⊠ 64. Finally his dream came true.

⊠⊠ 65. What did you do during the summer vacation?

⊠⊠ 66. It sounded like a true story.

Lesson 7, 8, 9, 10

☒☒ 67. Three farmers were working in the field near the river.

☒☒ 68. Brown was beaten at the door.

☒☒ 69. I have just been to the doctor's. I had a slight headache.

☒☒ 70. He was found dead in the morning.

☒☒ 71. I will have finished the high school course by March next year.

☒☒ 72. I am recruiting a man rich in ideas.

☒☒ 73. An atomic bomb was dropped on Hiroshima in 1945.

☒☒ 74. With regard to big inventions, chance has played a very small part.

☒☒ 75. Why is she taking a boat to London?

☒☒ 76. The soup must be made hot.

☒☒ 77. The gate has been left open.

☒☒ 78. The child was being led out by the nurse just at that time.

☒☒ 79. Have you been interested in Japan for a long time?

☒☒ 80. Those presents were all arranged under the Christmas tree.

☒☒ 81. Those present were all shocked into silence.

☒☒ 82. Tom is always being foolish.

☒☒ 83. How long have you been looking for a job?

☒☒ 84. She was driven almost mad by the pain.

☒☒ 85. Dick has been being scolded by his boss for a long time.

☒☒ 86. All people have a right to equal opportunities, and no one should be denied opportunities because of race, color or religion.

Lesson 11, 12, 13, 14, 15, 16

☒☒ 87. Before a road in a town is made wider, many buildings have to be pulled down.

☒☒ 88. Sometimes the ducks went to swim in the river for a change.

☒☒ 89. A person who had a white elephant had to pay a lot of money to take care of it.

☒☒ 90. Jane is looking at her sleeping baby.

☒☒ 91. If you are feeling sick, take this medicine.

☒☒ 92. He finds himself dreaming of a golden age when man and nature were one.

☒☒ 93. They were surprised to hear him confess his fault.

☒☒ 94. She is tall enough to reach the ceiling.

☒☒ 95. We will judge people who we otherwise know nothing about simply by the clothes they wear.

☒☒ 96. I never cross her when she is not feeling well.

☒☒ 97. China in whose manufacture the ashes of burnt bones are used is called bone china.

☒☒ 98. Naturally you are expected to be interested in the job which has been offered you.

☒☒ 99. John is being easy to please.

☒☒ 100. I don't remember the man with whom I visited Greece.

☒☒ 101. The stone is so heavy that I cannot lift it.

☒☒ 102. This photo makes her look older.

☒☒ 103. There being nothing to do, he was allowed to go home.

☒☒ 104. Though I was a mediator, I could no longer react as mediator.

☒☒ 105. He was dedicated to the task he had been set.

☒☒ 106. A poor woodman sat in his cottage one night, smoking his pipe by the fireplace.

☒☒ 107. Women may want loyal and gentle mates to help them raise their children.

☒☒ 108. There will be no charge for the work we have done to your car.

☒☒ 109. Attempts are now being made to use the sun as a source of heat and power.

☒☒ 110. The famous Japanese politeness does not apply in situations where all are strangers to one another.

☒☒ 111. At one time there used to be houses where that large factory stands.

☒☒ 112. Is this the house that he lives in?

☒☒ 113. We have been told not even to contact IOC members.

☒☒ 114. Broccoli tastes good when cooked in butter.

☒☒ 115. Women are not the second sex, but just a separate one.

☒☒ 116. On the second day, we saw through our binoculars a line of women leaving the village, each carrying a bundle.

☒☒ 117. By the time the policeman arrived, the criminal had escaped.

☒☒ 118. I came across a word the meaning of which I didn't know.

☒☒ 119. He was called to account for his ridiculous behavior.

☒☒ 120. Teach sign language the way you were taught it.

☒☒ 121. We were asked not to go near the entrance of the house.

☒☒ 122. He looked with pleasure at the gift which was before him.

☒☒ 123. If I had a car, I could take you home.

⊠⊠ 124. He still regards me as being a fool.

⊠⊠ 125. The photographs at which you are looking were taken by my father.

⊠⊠ 126. Let me borrow all the horses that are left.

⊠⊠ 127. As soon as the schoolmaster appeared, the pupils became still.

⊠⊠ 128. Librarians or your friends who lend you books expect you to keep them clean.

⊠⊠ 129. He kindled a torch by the light of which he followed the path.

⊠⊠ 130. I won't have a moment to call my own this week.

⊠⊠ 131. The weather being as it is, I will come home.

⊠⊠ 132. I don't like to have them stare at me.

⊠⊠ 133. Many of the words we use casually in our daily life are borrowed from English.

⊠⊠ 134. Language is constantly changing and evolving, as are all human things.

⊠⊠ 135. Habit causes us to react automatically to the things which surround us.

⊠⊠ 136. Much of the solid pollutants merely fell to the ground to be taken into the soil.

⊠⊠ 137. The spear with which he used to defend himself had been used by his father before him.

☒☒ 138. The spear which he used to defend himself hung on the wall behind his throne.

Lesson 17, 18, 19, 20, 21

☒☒ 139. They say she is an honest woman.

☒☒ 140. You should avoid crossing the street at this intersection.

☒☒ 141. In days gone by things like these never happened.

☒☒ 142. There is no hope that they are alive.

☒☒ 143. Not having experience with many fathers, I didn’t realize how understanding my father was.

☒☒ 144. I want to stay to see who wins.

☒☒ 145. Don’t get excited at such a trifle.

☒☒ 146. I don’t know what made him so angry.

☒☒ 147. Tapping on the hive excited the bees.

☒☒ 148. I wish I were with you then.

☒☒ 149. Raymond did not like being called Ray.

☒☒ 150. Were you able to make yourself understood in English?

☒☒ 151. How depressing it is to be called by someone else’s name!

☒☒ 152. Whatever happens, you have your father's money to fall back on.

☒☒ 153. This is why I dislike snakes.

☒☒ 154. A farm worker who stayed up all night claimed to have seen a figure cutting corn in the moonlight.

☒☒ 155. Whenever a Japanese moves overseas, he suffers from a condition referred to as "culture shock."

☒☒ 156. The news left me wondering what would happen next.

☒☒ 157. His career culminated in his being elected President.

☒☒ 158. I demand that she apologize at once. Otherwise I won't allow her to join this club.

☒☒ 159. A slang word ceases to be slang when it is accepted by the dictionary.

☒☒ 160. We must pay attention to the fact that political considerations are always part of legal decisions.

☒☒ 161. What is important in writing a composition is to make your idea clear.

☒☒ 162. It took a lot of time to get these official documents translated into English.

☒☒ 163. The Dear Old Lady —— that is what the people of Pisa call the tower —— needs help.

☒☒ 164. Under the circumstances it is impossible to carry out the plan.

☒☒ 165. Japan is visited by earthquakes very frequently, so some foreigners living in Japan are worried that they may have an earthquake at any moment.

☒☒ 166. I remember its having been extremely cold that winter.

☒☒ 167. The lecture was boring, so I pressed my fingernails painfully into the palms of my hands. It was all I could do not to fall asleep.

☒☒ 168. Whatever difficulty he may meet with, he does not mind it.

☒☒ 169. In a democracy, man is free to engage in whatever kind of profession he is fitted for.

☒☒ 170. After doing it three times he is sufficiently experienced in teaching children who are doing badly at school.

☒☒ 171. A shopping center tries to provide all the goods and services that a customer could ask for.

☒☒ 172. They are sure something bad is coming.

☒☒ 173. In his childhood it was unusual for boys to take music lessons, so he didn't have his son taught music.

☒☒ 174. Our school games of soccer were just twenty-two small boys rushing about a field after a ball.

☒☒ 175. Who can claim that what pleases one man must necessarily please another?

☒☒ 176. If there's anything I hate, it's standing in line.

⊠⊠ 177. What a clear way you have of putting things!

⊠⊠ 178. The policeman recorded that the traffic accident had been caused by speeding.

⊠⊠ 179. He deserves the place given him in the literary histories.

⊠⊠ 180. The best way to avoid catching a cold is to keep away from those who have one.

⊠⊠ 181. All I'm saying is that there's additional investigation to be done.

⊠⊠ 182. I want to know if it is possible to work there.

⊠⊠ 183. Aristarchus proposed the correct idea that the earth is in motion, spinning like a top and also circling around the sun.

⊠⊠ 184. I remember being deeply disappointed in the first lion I saw.

⊠⊠ 185. Asked to describe his operation, the Russian general told the interviewer, "I think it a great success."

⊠⊠ 186. Education is what's left when you've forgotten all you ever learned.

⊠⊠ 187. An elephant can even use its nose to pull up trees when it wants to go through the jungle.

⊠⊠ 188. They succeeded in establishing many colonies.

⊠⊠ 189. In Japan, people prefer waiting for a table to sitting with people they don't know.

⊠⊠ 190. If brought up in a loving family, he perhaps would not have been the type of person who loves to be alone.

⊠⊠ 191. His chances of being found innocent are diminishing.

⊠⊠ 192. In the moment that I first heard her voice I realized that we had found the singer that we needed.

⊠⊠ 193. It is useless to work hard in order to save money to leave to one's children.

⊠⊠ 194. I am not accustomed to being treated like that.

⊠⊠ 195. Alchemy is a pseudoscience one of whose aims was to discover how to make gold from other metals.

⊠⊠ 196. Will you children stop arguing about whose toy that is?

⊠⊠ 197. She would not say on whose orders she had come.

⊠⊠ 198. There are some real differences between the two teams, but they're not easy to rate in terms of which team will win.

⊠⊠ 199. While there are many things that he could take into account, this is the standard in terms of which he should decide.

⊠⊠ 200. For many young people it is not so much the skiing itself as the social life that goes with it that attracts them.

Part 4　ドリル中級

⊠⊠ 201. By last week officers had recovered maybe 100 deleted files, at least one third of them significant in the bribery investigation.

⊠⊠ 202. Few men learn to say no to a woman until they are too old to make it of any consequence to a woman what they say.

⊠⊠ 203. Children are exposed to such a lot of unexpected things in their daily life that they like those stories which will take them into a world where things happen according to patterns.

⊠⊠ 204. If it was properly explained that death was nothing but going home to God, then there would be no fear.

⊠⊠ 205. Once set going, the malicious program directs the robots to begin reproducing more robots, carbon copies of the original attacker.

⊠⊠ 206. Having been urged at one time to have his likeness taken, he hid.

⊠⊠ 207. What is the good of making suits which last for twenty years, if the fashion will change each spring?

⊠⊠ 208. From those whom they feel to be affectionate children will put up with whatever strictness results from genuine desire for their proper development.

⊠⊠ 209. A dead rabbit was lying in the road; it had been run over by a car.

⊠⊠ 210. From the nineteen sixties to the nineteen seventies, popular music was dominated by the Beatles —— a band blessed with innumerable hits and popularity among enthusiastic fans so great they could have sold a recording of their talking in their sleep if they had wanted to.

☒☒ 211. I went through the day with a stunned consciousness, unable to believe what had happened.

☒☒ 212. Who's to blame is being investigated by two separate research teams.

☒☒ 213. Perhaps many of the stars have planets revolving round them as has our Sun, but this we cannot tell, their distances being so great.

☒☒ 214. From the standpoint of a man who has ten years' experience, it is easy to see what mistakes are being made.

☒☒ 215. For education to succeed there must always be a certain freshness in the knowledge dealt with.

☒☒ 216. In January 1972 Mao Zedong spent weeks in bed, his breathing so labored he could not even cough, but he refused treatment.

☒☒ 217. Dogs are always pleading for a long walk, something that the elderly cannot always give them, much as they would like to.

☒☒ 218. Some conflicts are of such long standing that generations may be needed to heal the wounds.

☒☒ 219. The more widely a new method of English learning is applied, the greater the possibility that someone will criticize it.

☒☒ 220. To the test pilot becoming an astronaut was simply being transferred from one office to another.

☒☒ 221. Be careful not to let the ease with which you read an English textbook prevent you from perfecting your use of the language.

☒☒ 222. If international meetings and solemn pledges were all it took to solve the environmental crisis, everything would be fine by now.

☒☒ 223. At no other time has there been such a strong need for innovative problem solving. Essential to doing this is having a diversity of viewpoints.

☒☒ 224. Increasing the displeasure, dissatisfaction and even despair of the nation is the knowledge that they will be unable to correct this situation even by a change of government.

☒☒ 225. How I have laughed to think what a simple old fellow he must be to take a pride in showing how he toiled in his early life!

☒☒ 226. What most ordinary Japanese regret is that the traditional customs they believed had had no equal in the world are gone forever.

☒☒ 227. Although the police were convinced that the mob was responsible, they found it difficult to pin down by whom the wounded victims being treated in hospital had been attacked.

☒☒ 228. The Russian commander of the special military operation justified the action by claiming that the Ukrainian army had begun killing pro-Russian residents and that a full-scale attack had been necessary to save them.

☒☒ 229. It is perhaps the greatest folly of which a nation can be guilty to attempt to use poverty as a sort of punishment for offences that it does not send people to prison for.

☒☒ 230. The General Staff Office's biggest concern was the Kwantung Army's not being under the control of the central authorities. The Chief of the General Staff ordered the deputy to gather any intelligence officers suspected might show signs of the disobedience of the Kwantung Army.
(the Kwantung Army: 関東軍)

☒☒ 231. We know what it is to have our own right to this or that denied or ignored by others. But what exactly is it that is being violated or wrongly denied? Is it something we acquire or something we inherit at birth?

☒☒ 232. We know what it is to have our own right to this or that denied or ignored by others. But what exactly is it that is being violated or wrongly denied? Does something happen to our rights when they are violated? Or is saying that our rights have been violated simply a way to criticize someone else's action?

Part 5　F.o.R. 検定テスト（初級 A 問題）

問 1

☒☒ This girl will become a great singer.

☒☒ A man suddenly appeared round the corner of the street.

☒☒ They felt towards her something near to pity.

☒☒ The letter is being written by him.

☒☒ What harm has been done you?

☒☒ By whom were you shown the way to the museum?

☒☒ The letter will have been written by him by noon.

☒☒ What have you been doing?

☒☒ How long have you been in America?

☒☒ Yesterday John came to see you.

☒☒ My chief purpose has been to point out the difficulties of the matter.

☒☒ Having no money, I could not buy the book.

☒☒ I know the man driving that car.

☒☒ How did you escape being punished?

☒☒ He was elected president of the university being built at Sendai.

☒☒ I stayed at home to escape being drenched with rain.

☒☒ What is the language spoken in Brazil?

問 2

☒☒

Nursing offers daily satisfaction to those who have a genuine desire to help others. It also provides such a wide range of job opportunities that a capable nurse can always be sure of a job.

Among the rewards of nursing are the challenges it offers. A badly injured person may need immediate and expert care. Medicines and equipment must be rushed to the patient's bedside. A nurse's greatest reward often is the knowledge that his or her skill has helped to relieve suffering or to save life.

Persons planning a career in nursing should also consider a number of other factors. Advances are being made steadily in nurses' salaries. But beginning salaries may be below those for other professions that require comparable preparation. Special courses taught in nursing schools help the nurse prepare for such tasks. Most professional nursing schools accept only students who rank in the upper half or upper third of their high-school graduating classes.

Part 6　F.o.R. 検定テスト（初級 B 問題）

問 1

☒☒ I feel lonely, having no one to talk to.

☒☒ Her sole consolation was to watch her children playing in the garden.

☒☒ What is this flower called in English?

☒☒ Mike felt greatly depressed after being refused a date.

☒☒ She can't stand being kept waiting.

☒☒ Scolded by mother, the child began to cry.

☒☒ The development made possible by laser technology had formerly been only a dream.

☒☒ A lawyer for one of the drivers involved in an auto accident telephoned a man listed on the police report as a witness.

☒☒ Among the guests invited to the party were some ladies.

☒☒ He is being willfully blind to the realities of the situation.

☒☒ Some good fairy must have been protecting me.

☒☒ He may have been hurt.

☒☒ Having been caught in a traffic jam on my way, I was late for school.

☒☒ I don’t mind being offered instruction, but I resent having it shoved down my throat.

問 2

☒☒

In the newspaper I read of a man in London whose sight had just been restored. Having been blind from the age of two years, he had not remembered how the world and his fellow men appeared and in his blindness had formed some very curious notions, one of which was that most people were tall and slender and that the few who were fat were shaped like bottles. The most striking misapprehension he had acquired in his years of sightlessness was that he believed all human faces looked peaceful. However, surely, what the blind man felt in his ignorance should be so. For it is reasonable to believe that human faces were meant by God to look peaceful.

Part 2

中学 1 年生で学ぶ英文

この章は中学 1 年生の検定教科書に出てくる英文を集めて、『黄リー教』のシステム（＝Frame of Reference＝F.o.R.）で解説したものです。

当然のことながら、中学校の教科書は『黄リー教』に基づいて作られているのではありません。ですから中学 1 年生の教科書に出てくる英文が『黄リー教』では終わりの方で説明されていたり、それどころか省略表現や破格表現（＝文法的規則に従っていないが、正用法と認められている表現）だったりすることもあります。そのために、『黄リー教』を勉強し始めた中学生が、教科書の英文を早速 F.o.R. で理解しようとしても、なかなかうまくいきません。そこで、教科書に出てくる代表的な英文を F.o.R. で解説して、その英文を支えている規則が『黄リー教』のどこに出ているかを示したのが本章です。これを使えば、教科書の英文の理解がスムーズに行なえるでしょう。

ただし、私としては、『黄リー教』を 1 周するまでは「教科書の勉強（＝学校での英語の勉強）」と「『黄リー教』の勉強」は別のものとして取り組んでほしいのです。なぜなら、『黄リー教』は参考書ではなくて教科書だからです。『黄リー教』で学ぶことは、いずれ学校の教科書の英文の理解を強力に後押ししてくれます。しかし、それは『黄リー教』を少なくとも 1 周してからのことであって、それまでは異なる 2 つの教科書を並行して勉強しているのですから、（『黄リー教』の）不完全な理解で（学校の）教科書の英文を読もうとしても、うまくいかない場合が出てきます。なぜなら学校の教科書は、日常的によく使われる表現であれば、それが英文法の基本的規則からやや外れていても、取り上げるからです。ですから、性急に『黄リー教』と「学校の教科書」を結び付けようとしないで、ともかく『黄リー教』を 1 周終えることを目標にして、落ち着いて勉強してください。

現在

☒ **1. Thank you very much.**　（ありがとうございます。）

☒ I S　③　O　ad　ad

この英文はI thank you very much.（私はあなたにとてもたくさん感謝します）からIが省略されています。したがってThankは、原形ではなくて、現在形です。もし原形だと命令文ということになり（▶ p. 87）、Thankの前に省略されている主語はYouですから、「君！ 君にとてもたくさん感謝しろ」というわけがわからない意味になってしまいます。

現在

☒ **2. You’re welcome.**　（どういたしまして。）

☒ S　②　ªC

You’reはYou areの短縮形です（▶ p. 36）。welcomeは「歓迎される、喜んで迎えられる」という意味の形容詞です。ですから「あなたは大歓迎です」が直訳です。これを、お礼を言われたときの返事として「どういたしまして」という意味で使います。

☒ **3. Here you are.**　（はい、どうぞ。）

☒

これは相手に物を差し出すときに言う言葉です。字面上はYou are here.の倒置形ですから、「ここにあなたはいます」という意味で、ここから何らかの意味の転化が起こって「はい、どうぞ」という意味になったようにも思われます。しかし、私が知る限り、この転化のメカニズムには筋が通った説明は存在しません。この表現はただの符丁と捉えるのが妥当です。したがって「ad S ①」のように構造を解析するのは無意味です。

現在

☒ **4. It’s under the bed.**　（それはベッドの下にあります。）

☒ S ①　ad

It’sはIt isの短縮形です（▶ p. 37）。このisは①で「ある、いる、存在する」という意味です。ちなみにIt’sはIt hasの短縮形のこともあります。この場合のhasは「完了を作る助動詞」です（▶ p. 152）。またitの所有格はitsです（▶ p. 29）。

現在

☒ **5. Where is the bathroom?**　（浴室はどこにありますか。）

☒ ad　①　S

Whereは疑問副詞でisを修飾しています（＝ほかの語の助けを借りずに直接is（存在する）という動詞の様態を説明しています）（▶ p. 2）。疑問文ですから、疑問文の語順になっています（▶ p. 79）。Whereとisを短縮してWhere’s the bathroom?と言うこともあります。アメリカ英語では、bathroomは婉曲に「（個人宅の）トイレ」の意味で用いられることが多いです。

現在
☒ **6. Are you tired?** （あなたは疲れていますか。）
☒ ② S ^{a}C

疑問文ですから、疑問文の語順になっています（▶ p. 79）。

現在 現在
☒ **7. Yes, I am./ No, I'm not.** （はい、疲れています。/ いいえ、疲れていません。）
☒ 文ad S ② 文ad S ② ad
tired tired
^{a}C ^{a}C

Yes と No は文修飾副詞です。I am. は I am tired. の省略形で、I'm not. は I am not tired. の省略形です（▶ p. 80）。

現在
☒ **8. Who's absent?** （誰が欠席ですか。）
☒ S ② ^{a}C

Who's は Who is の短縮形です（▶ p. 36）。疑問文ですが、疑問詞が主語になっているので、疑問文の語順ではなく、普通の文の語順になっています（▶ p. 80）。

現在
☒ **9. Who's that girl?** （あの女の子は誰ですか。）
☒ ^{n}C ② a → S

Who's は Who is の短縮形です。疑問文ですから、疑問文の語順になっています（▶ p. 79）。girl が主語で、Who が補語です（▶ p. 49）。「疑問詞 is」または「疑問詞 has」が「疑問詞 's」という短縮形になる場合、疑問詞は主語とは限らず、動詞の目的語、前置詞の目的語、補語、副詞のこともあります。たとえば Where's your school?（あなたの学校はどこにありますか）だと Where は疑問副詞で、短縮された is にかかり、is は①で「存在する」という意味（▶ p. 22, 51）、school が主語です。

過去 原
☒ **10. Did you have fun last evening?** （昨晩は楽しみましたか。）
☒ aux S ③ O 副詞的目的格

疑問文ですから、疑問文の語順になっています（▶ p. 79）。fun は「楽しみ」という意味の名詞で「動詞の目的語」になっています（▶ p. 47）。fun は「数えられない名詞（＝不可算名詞）」なので単数・無冠詞で使われています（▶ p. 29）。last evening は「時」を表す副詞的目的格です（▶ p. 91）。

過去　　　過去
☒ **11. Yes, I did. / No, I didn't.** （はい、楽しみました。/いいえ、楽しみませんでした。）
☒ 文ad S 代V　　文ad S aux ad
had fun last evening　　have fun last evening
③ O 副詞的目的格　　③ O 副詞的目的格

Yes と No は文修飾副詞です。I did の **did は had fun last evening の代わりをする代動詞です**（▶ p. 81）。I didn't. は I didn't have fun last evening. の省略形で、did は助動詞です。

原　原
☒ **12. Don't play the trumpet.** （トランペットを演奏するな。）
☒ aux ad ③　　O
You
S

Don't は Do not の短縮形です（▶ p. 88）。**一般動詞（＝be 動詞以外の動詞）の否定命令文は「Don't 原形動詞」にします**（▶ p. 87）。主語の You が Don't の前に省略されています。命令文ですから Do は原形です。play も原形ですが、これは命令文だからではなく、do 助動詞が付いているからです。もし I don't play the trumpet.（私はトランペットを演奏しません）なら普通の否定文で、do は現在形です。この否定文は「私はトランペットはやっていません」という意味です。

過去
☒ **13. I visited a friend of mine in Nagoya.** （私は名古屋にいる友人を訪ねた。）
☒ S ③　O　a　a

my friend の my（＝所有格）には定冠詞 the の意味（▶ p. 15）が含まれています。そのため my friend と言うと、「特定の（＝聞き手に誰のことかわかる）友人」または「唯一の友人」を指します。そこで、この友人が「不特定の（＝聞き手には誰のことかわからない）友人」（▶ p. 12）で、かつ「友人の一人である（＝ほかにも友人がいる）」場合は、不定冠詞 a を使って a my friend とか my a friend と言う必要があります。ところがこれでは「不定冠詞 a」と「my に含まれている定冠詞 the の意味」がバッティングしてしまいます。さらにこれに加えて「**冠詞と所有格は重複使用できない**」という規則があります（▶ p. 94）。そこで、所有格 my の代わりに所有代名詞 mine を使って a friend of mine と言うのです（▶ p. 96, No. 60）。

原
☒ **14. Excuse me.** （失礼。）
☒ ③ O
You
S

命令文で、Excuse の前に主語の You が省略されていて、Excuse は原形です（▶ p. 87）。「私を許せ」が直訳です。この表現は日本語の「失礼」に相当します。「失礼ですが、. . . してくれませんか」「失礼ですが、. . . ではありませんか」「失礼、. . . させてください」「ごめんなさい、失礼しました」のような場合に使います。

過去　　　　　　　　　　　　　　　　　過去

☒ **15. The rabbit ran into a hole in the ground and disappeared.**

☒ S ① ad a + ①

（その兎は地面の穴に走り込むと見えなくなった。）

and は等位接続詞で ran と disappeared をつないでいます（▶ p. 88）。disappeared は「姿を消した」という意味の①の動詞です。

現在　　原

☒ **16. How many coins do you have in your hand?**

☒ ad a O aux S ③ 前 a n ad

（あなたの手の中には何枚のコインがありますか。）

この How は「どれくらい」という程度を尋ねる疑問副詞です（▶ p. 80）。many は「たくさんの」という意味の形容詞ですが、**How が付いて how many になると「たくさん」という意味はなくなって、単なる数の尺度を表すようになります。**ですから How many は「どれくらいたくさんの」ではなく「どれくらいの数の」という意味です（▶ p. 85）。do you have は疑問文の語順です（▶ p. 79）。この英文を直訳すると「あなたはどれくらいの数のコインを手の中に持っていますか」となります。もし How many coins が主語になっていたら、疑問文であっても、疑問文の語順にならず、普通の文の語順になります（▶ p. 80）。たとえば How many coins are in your hand?（何枚のコインがあなたの手の中にありますか）のような具合です。

現在　　原

☒ **17. How does she go to work every day?** （彼女は毎日どうやって仕事に行くのですか。）

☒ ad aux S ① ad 副詞的目的格

この How は「どうやって」という方法を尋ねる疑問副詞です（▶ p. 80, 84, 365）。この英文は「仕事に行くのに、歩きなのか、乗り物を使うのか」を尋ねています。every day は「時」を表す副詞的目的格です（▶ p. 91）。every と day をくっつけて everyday にすると「毎日の、日常の」という意味の形容詞になります（▶ p. 132）。

現在

☒ **18. How are you, Henry?** （ヘンリーさん、お元気ですか。）

☒ ^{ad}C ② S 呼びかけ

「S ② ^{a}C.」という文の ^{a}C（＝形容詞で補語）の部分がわからないので尋ねたいときは、^{a}C を疑問詞に変えて文頭に出し、「S ②」を疑問文の語順に変えて、末尾に ? を付けるのが手順です。形容詞を疑問詞に変えるのですから、使うのは当然、疑問形容詞のはずです。ところが**疑問形容詞は what と which と whose の 3 つしかなく**（▶ p. 80）**、これらはどれも名詞修飾だけで使われて、補語になることはできません**（▶ p. 269）。そこで ^{a}C を疑問詞に変えるときは疑問副詞の how を使います。その結果、**how は ^{ad}C（＝副詞で補語）となるのです。**How are you? は「あなたは今『I am 形容詞.』ですよね。形容詞にはどんな形容詞が入るのですか？」と尋ねているのです。直訳すれば「あなたはどんな状態ですか⇒あなたはどんな形容詞で表される状態ですか？」となります。ですから、返事は Fine, thank you. となるのです。これは「Fine という形容詞で表される状態です。あなたに感謝します⇒ええ、元気ですよ、ありがとう」という意味です。Fine は I am fine. から I am が省略された形です。文末の Henry は「呼びかけ」で、文の構成要素にはなっていません。

現在

☒ **19. How beautiful this flower is!**　（この花はなんてきれいなんでしょう。）
☒ ad　^{a}C　a　S　②

このhow は感嘆副詞で、次に来る形容詞あるいは副詞にかかり、その形容詞あるいは副詞の程度が大きいことに感嘆しているのです（▶ p. 329, 331）。This flower is very beautiful.（この花はとてもきれいです）を、より強く、感情を込めて表現しています。**感嘆文の語順は普通の文の語順と同じで、末尾に！（＝感嘆符号）を付けます**（▶ p. 146）。感嘆副詞の how は「なんて」と訳します。ちなみに How beautiful is this flower?（この花はどれくらい美しいですか）は疑問文で、How は「程度」を尋ねる疑問副詞です（▶ p. 80）。

現在　原

☒ **20. Can you help me with today's homework?**
☒ aux　S　③　O　前　a　n
ad

（今日の宿題を手伝ってくれませんか。）

Can you . . .? は「. . . してもらえますか」という「依頼・要請」を表す表現ですが、「あなたは . . . できますか」と相手の能力を直接的に尋ねる意味にも使えます。そこで、「依頼・要請」であることをはっきりさせるために、can を過去形にして **Could you . . .?（迷惑でなければ . . . して下さいませんか）という言い方をすることが多いです**。この could は「仮定法過去の婉曲用法」と言われる使い方です（▶ No. 37. 43, 171, 217）。help は人間を目的語にして「**help 人 with 事柄（事柄のことで人を助ける）**」という使い方をします。

現在　原

☒ **21. I can't do any of those things.**　（それらのことのどれも、私はできない。）
☒ S　aux　ad　③　O　前　a　n
a

can の否定形は can not ではなくて、cannot か can't です（▶ p. 75）。『黄リー教』では「助動詞 not V」という表現の not は、繁雑な判断を避けるために、一律に V にかけることにしています。そのため、構造図では not を do にかけています。しかし、cannot V あるいは can't V の not は本当は can を否定しています。any は形容詞でも使いますが、ここは代名詞です。

現在

☒ **22. What is he like?**　（彼はどんなふうな人ですか。）
☒ n　②　S　前
^{a}C

この疑問文は性格や外見などを尋ねています。**like は「〜のような」という意味の前置詞で（▶ p. 88）、「like . . .」が形容詞句で補語になることがあります（▶ p. 381）**。たとえば He is like a professor. (彼は大学教授のようだ) は is が②で、like a professor が形容詞句で補語です。この a professor の部分がわからないときは、これを疑問代名詞の what に変えて文頭に出し、疑問文の語順にします。すると上の文になります。したがって What は like の目的語で、like と What で形容詞句になり、is の補語です。

現在　　ing
☒ **23. I am working as a nurse at a hospital.**　(私は病院で看護師として働いています。)
☒ S　①　ad　ad

これは現在進行形の文です。**am は「be 動詞」ではありません。進行形を作る「be 助動詞」**です（どんな辞書にもそう書いてあります）（▶ p. 73, 108）。学校文法では am と working を分けずに、am working の全体を「進行形を表す 1 つの動詞（活用は現在形）」として扱います（▶ p. 109）。

現在
☒ **24. He's sixteen years old.**　(彼は 16 歳です。)
☒ S ②　副詞的目的格　aC

He's は He is の短縮形です（▶ p. 36）。old は「年を取っている、老齢の」という意味ではなくて「生まれてから、ある時間が経過している」という意味の形容詞で is の補語です（▶ p. 92）。「生まれてからどれくらいの時間が経過しているか」を sixteen years (16 年) という名詞で表しています。したがって sixteen years は名詞が、前置詞が付かずに、副詞の働きをして old を修飾しているのです。すなわち副詞的目的格です（▶ p. 91）。**副詞的目的格が形容詞・副詞にかかるときは、必ず直前に置くので** sixteen years old という語順になっています（▶ p. 92）。

現在
☒ **25. She often tells interesting stories.**　(彼女はよく面白い話をする。)
☒ S　ad　③　a　O

interesting は「面白い」という意味の形容詞ですが、元々は interest という「③の動詞（『興味・関心を抱かせる』という意味の動詞です）」の ing 形なのです。それがどうして「面白い」という意味の形容詞になるかについては p. 283 を見てください。

現在　原
☒ **26. I don't like it at all.**　(私はそれをまったく好きでない。)
☒ S aux ad　③　O　ad

at all は in any way (どんなやり方でも、どんなふうにでも) と同じ意味を表す副詞句です。 したがって、上の英文は「私はそれをどんなふうにでも好きでない→私はそれをまったく好きでない」という意味になります。

過去　原

☒ **27. How many times did you try it?** （あなたは何回それを試しましたか。）
☒ ad　a　n　aux　S　③　O
副詞的目的格

How many については▶中学 16。この time は「回、度」という意味の名詞です。前置詞が付かずに副詞の働きをして try を修飾しています。「数量」を表す副詞的目的格です（▶ p. 91）。

現在

☒ **28. What day is it today?** （今日は何曜日ですか。）
☒ a　^{n}C　②　S　ad

疑問形容詞 what の訳語は「どんな」です（▶ p. 101）。これを day にかけた what day of the week というフレーズは「週のどんな日⇒何曜日」という意味です。そこでこのフレーズを使って What day of the week is it today? と言うと、「今日は何曜日ですか」という疑問文になります。**it は漠然と時間を表していて、is の主語です。it はほかにも「漠然と天候を表す」場合や「漠然と状況を表す」場合があります**（▶ p. 37）。today は、この英文では、「今日」という意味の副詞です。この英文は of the day を省略して What day is it today? にしても同じ意味を表します。これが本文です。

ところで「今日は日曜日です」は Today is Sunday. と言います（▶ p. 37）。この Today は名詞で主語です。Sunday がわからないときに、Sunday を what day of the week に変えて文頭に出し、疑問文の語順に変えると What day of the week is today?（今日は週のどんな日ですか⇒今日は何曜日ですか）となります。これは、本文とは違う言い方ですが、正しい英文で、実際にも使われます。ところが、ここから of the week を取って What day is today? にすると、「今日は何曜日ですか」という意味で使うことはあまりなく、普通は「今日はどんな日ですか？（何か特別なことがある日？）」あるいは「今日は何の日？（建国記念日？　天皇誕生日？　何の日でしたっけ？）」という意味になります。

現在

☒ **29. What's the date today?** （今日は何日ですか。）
☒ ^{n}C　②　S　ad

直訳は「今日は、日付は何ですか」です。「時間と場所を表す副詞」は、後ろに置けば、前の名詞にかけることができます（▶ p. 278）。そこで today という副詞が the date を修飾していて「今日の日付は何ですか？」が直訳のように思えます。しかし、もしそうなら「昨日の日付は何ですか？」は What's the date yesterday? と言えるはずです。しかし、この英文は odd で、実際には What was the date yesterday?（昨日、日付は何でしたか？）と言います。このことから today や yesterday は the date にかかっているのではなく、is や was にかかっていることがわかります。

現在

☒ **30. What's the matter with you?** （どうしたんですか。）

☒ S ② ^{n}C a

What's は What is の短縮形です（▶ p. 36）。matter は、本来は「事柄、問題」という意味ですが、the matter にすると「困ったこと、面倒事、故障」という意味を表せます。Something is the matter with her.（何かが彼女についての困ったことなのだ⇒彼女はどこかが悪いのだ）のように使います。上の英文を直訳すると「何があなたについての困ったことですか」となります。この the matter は wrong という形容詞に置き換えることができます。What's wrong with you? / Something is wrong with her. と言っても同じ意味です。

現在

☒ **31. Where is he from?** （彼はどこの出身ですか。）

☒ ad ② S 前 ^{a}C

He is from Canada.（彼はカナダから来ました）は is が②で、from Canada は形容詞句で補語です。この Canada がわからないときは、Canada を「場所を表す疑問副詞の where」に変えて、文頭に出し、疑問文の語順にします。すると本文になります。**from は「時間と場所を表す副詞」を目的語にできるので**（▶ p. 229）、疑問副詞の Where が from の目的語になっているのです。

原 原

☒ **32. Let's sing a song loudly.** （大きな声で歌いましょう。）

☒ ⑤ O ^{a}C ③ O ad

You

S

Let's . . . は「. . . しましょう」と誘うときの表現です（▶ p. 300）。「. . .」には動詞の原形を置きます。この英文は命令文で Let's の前に主語の You が省略されています。**Let's は Let us の短縮形です。**Let us sing a song loudly. は「私たちは大きな声で歌を歌いたいので、望み通りに、私たちに大きな声で歌わせなさい」というのが直訳です。ところが Let us を Let's という短縮形にした場合は、主語の You も us（私たち）の中に含まれているのです。そこで「大きな声で（一緒に）歌いましょう」という意味になるのです。

原

☒ **33. Nice to meet you.** （はじめまして。）

☒ ^{a}C 真S ③ O

It is

仮S ②

これは It is nice to meet you.（あなたに会うことは素晴らしいです）の省略形です。初対面の人に向かって言う挨拶の表現です。こう言われたら Nice to meet you, too. と返します。It は仮主語（▶ p. 322）、to meet は不定詞名詞用法で「前の品詞は名詞、前の働きは真主語、後の品詞は動詞、後の働きは③」です（▶ p. 374）。

現在　原　［現在］

☒ **34. Do you know [why she is absent today?]**
☒ aux　S　③　O　ad　S　②　aC　ad

（なぜ彼女が今日欠席しているか知っていますか。）

Why is she absent today? は「なぜ彼女は今日欠席しているのですか」という意味の疑問文です。Why は疑問副詞で is にかかっています。**疑問詞が作る疑問文は、語順を普通の文の語順に変えて、末尾の？を取ると、全体が名詞節になります**。この名詞節を間接疑問文と言います（▶ p. 328, 402）。やってみると why she is absent today（なぜ彼女が今日欠席しているのかということ）となります。この名詞節を know の目的語にしたのが本文です。

過去　過去

☒ **35. I smiled 〈because the girl was lovely.〉**
☒ S　①　接　S　②　aC

（私はその女の子が愛らしかったのでほほえんだ。）

完全な文（＝主語・動詞の目的語・前置詞の目的語・補語の点で足りない要素がない文）の前に従属接続詞を置くと、全体は副詞節になります（▶ p. 189）。ここでは the girl was lovely（その女の子が愛らしかった）という「S ② aC」の完全な文の前に従属接続詞の because を置いて、全体（＝because the girl was lovely）を「その女の子が愛らしかったので」という「理由」の意味を表す副詞節にしています（▶ p. 191）。

過去　原　過去

☒ **36. Why did you smile? — 〈Because the girl was lovely.〉**
☒ ad　aux　S　①　接　S　②　aC

（なぜあなたはほほえんだのですか。— その女の子が愛らしかったからです。）

because the girl was lovely は副詞節（簡単に言えば、これ全体が 1 つの副詞）ですから、これだけで英文にすることはできません。ところがこれには 1 つだけ例外があって、**Why で始まる疑問文に答えるときは Because S＋V. だけで英文にできるのです**（▶ p. 192）。これが本文です。それ以外のときは That is because S＋V.（それは S＋V だからです）のように言います。この英文の because S＋V は副詞節ですが、「is の補語」になっています。

現在　ing

☒ **37. I am looking forward to the summer holidays.**
☒ S　③　O

（私は夏休みを楽しみに待っています。）

forward は「前方へ」という意味の副詞で、look forward は「前方へ視線を向ける」という意味を表します。「前方へ」を具体的に to . . .（. . . へ）という副詞句で表しています。ですから look forward to . . . は「前方、すなわち . . . へ視線を向ける」というのが、字面通りの意味です。ここから「. . . を楽しみに待つ」という熟語としての意味が生まれます。**look forward to の全体を１つの動詞と捉えて「③の群動詞」と考えるのがよいです**（p. 60）。これを現在進行形にしたのが am looking forward to . . . です。am は進行形を作る「be 助動詞」です（p. 73, 108）。

☒ **38. Anything else?** （ほかに何かありますか。）
☒
S ad
Is there
① 誘導ad

この文は、発話される状況によって Is there anything else? や Do you have anything else? などの省略形です。**else は「ほかに」という意味の副詞ですが、後ろに置けば、前の名詞にかけることができます**（▶ No. 151, 232）。

☒ **39. What a lot of people!** （なんてたくさんの人なんでしょう。）
☒
a a S
there are
誘導ad ①

これは What a lot of people there are!（なんてたくさんの人がいるんでしょう）あるいは What a lot of people there were!（なんてたくさんの人がいたんでしょう）という感嘆文の省略形です。**感嘆文を作る言葉（＝感嘆詞）は「感嘆副詞の how」と「感嘆形容詞の what」の２つです**（▶ p. 321, 329）。**感嘆形容詞の what は必ず名詞修飾で使いますから what の後に名詞が来るのですが、たいていは what と名詞の間に形容詞が入って「What 形容詞 名詞（S）＋V!」という語順になります**（▶ p. 94, 95, 147, 330, No. 177）。本文では What と people の間に a lot of という形容詞句が入っています（▶ No. 51）。感嘆形容詞の what は「なんて」と訳します。

☒ **40. How about you?** （君はどうする。）
☒

How about . . . ? は「. . . はどうですか」という意味で、いろいろな状況で使われます。eg. How about a cup of tea?（お茶を１杯いかがですか）/ How about next Friday?（今度の金曜日はどう）/ How about the Japan-U.S. alliance?（日米同盟をどう思いますか）

How about you? はたとえば I will go to a movie.（僕は映画を見に行く）の後なら、「君はどうする」と相手の意向を尋ねています。I thought her charming.（僕は彼女を魅力的だと思った）の後なら「君はどう思った」と相手の感想を尋ねています。この表現は How と about の間に決まった S＋V が省略されているわけではないので、省略を補わず How about . . . ? という定型的な表現としてこのまま受け取るのがよいです。

過去
☒ **41. My father, a taxi driver, knew every street there.**
☒
a S ③ a O ad
同格
（タクシーの運転手だった私の父は、そこのあらゆる通りを知っていた。）

a taxi driver は My father と同格です（▶ p. 91）。**時間と場所を表す副詞は、名詞の後ろに置けば、前の名詞を修飾できます**（▶ p. 278, No. 71）。there は場所を表す副詞で、後ろから street にかかっています。

現在

☒ **42. She's Ms. White, our English teacher.**
☒ S ② ^{n}C a a n

同格

（彼女は、私たちの英語の先生であるホワイト先生です。）

Ms. は女性の姓か姓名の前に付ける敬称です。Ms. Mary のように名だけの前に付けることはしません。既婚・未婚にかかわらず用いられます。イギリス英語ではピリオドを付けないことが多いです。our English teacher は Ms. White と同格です（▶ p. 91）。

現在 原

☒ **43. Which do you want, coffee or tea?** （コーヒーとお茶のどちらがいいですか。）
☒ O aux S ③ n + n

同格

Which は疑問代名詞で want の目的語です（▶ p. 80）。or は coffee と tea をつなぐ等位接続詞です（▶ p. 88）。coffee と tea は Which と同格です（▶ p. 91）。

現在

☒ **44. Whose bag is this?** （これはだれのバッグですか。）
☒ a ^{n}C ② S

Whose は疑問形容詞で bag にかかり（▶ p. 80）、bag は is の補語です。

現在 現在

☒ **45. Which bag is yours? / Which bag is yours?**
☒ a S ② ^{n}C a ^{n}C ② S

（どちらのバッグがあなたのですか / あなたのはどちらのバッグですか。）

Which は疑問形容詞で bag にかかります（▶ p. 80）。is の主語が bag か yours かは話者の心理によります。2 つのバッグの外見を見せただけで尋ねたような場合は、bag が主語で「どちらのバッグがあなたのですか」と言うつもりで尋ねることが多いでしょう。それに対して、2 つのバッグの中に何が入っているかを説明してから尋ねたような場合は、yours が主語で「あなたのはどちらのバッグですか」と言うつもりで尋ねた可能性があります。

Part 3

ドリル初級

Lesson 1, 2

Lesson 1, 2 の段階では、まだ動詞型（＝動詞の番号）は勉強していません。そこで、以下の構造図では、語の下に書いてある番号をＶに読み替えて答え合わせをしてください。

☒ **1. travel alone** （一人で旅行する）
☒ ① ad

☒ **2. like Japanese food very much** （たいへん和食を好む）
☒ ③ a O ad ad

直訳は「日本の食事を非常にたくさん好む」です。much は「たくさん」という意味の副詞と「たくさんの」という意味の形容詞の両方で使います。ここの much は副詞で、like にかかっています。much が形容詞のときは次のようになります。

eat too much food （過度にたくさんの食事をとる→食べすぎる）
③ ad a O

☒ **3. ask that person again** （あの人にまた尋ねる）
☒ ③ a O ad

ask は「尋ねる」という意味の動詞です。ask that person だと person には「に」を付けて「あの人に尋ねる」という意味になりますが、ask that question だと question には「を」を付けて「あの質問を尋ねる」という意味になります。ask that person that question だと「あの人にあの質問を尋ねる」という意味になります。

☒ **4. give you another chance** （あなたにもう一度機会を与える）
☒ ④ O a O

直訳は「あなたにもう一つの機会を与える」です。上の和訳は「もう一つの」という形容詞を「もう一度」という副詞に変えて訳しています。

☒ **5. live together happily** （一緒に幸せに暮らす）
☒ ① ad ad

happily を「愉快に、楽しく」と訳してもかまいません。

☒ **6. heartily enjoy this wonderful meal** （この素晴らしいご馳走を心行くまで楽しむ）
☒ ad ③ a a O

副詞は、どこに置いてもいいわけではありませんが、かなり自由に置けますので、enjoy this wonderful meal heartily も正しいです。

☒ **7. answer the question honestly** （その質問に正直に答える）
☒ ③ O ad

☒ **8. expect perfectly wonderful weather** （申し分なく素晴らしい天気を予想する）
☒ ③ ad a O

☒ **9. send the most able young woman abroad**
☒ ③ ad a a O ad

（最も有能な若い女性を海外に派遣する）

これは p. 93 で勉強することですが、**the（＝定冠詞）と woman（＝the が付いている名詞）の間には枠ができていて、この枠内にある語句は必ず最終的に woman にかかります。**p. 93 の最後の行を参照。

☒ **10. create a competitive national market** （競争力のある国内市場を作り出す）
☒ ③ a a O

a（＝不定冠詞）と market（＝a が付いている名詞）の間には枠ができていて、この枠内にある語句は必ず最終的に market にかかります。p. 93 の最後の行を参照。

Lesson 3, 4

Lesson 3, 4 の段階では、まだ動詞型（＝動詞の番号）は勉強していません。そこで、以下の構造図では、語の下に書いてある番号を V に読み替えて答え合わせをしてください。

過去

☒ **11. Nearly all the houses were shabby.** （ほとんどすべての家はみすぼらしかった。）

☒ ad a S ② ^{a}C

all は定冠詞を乗り越えて（＝定冠詞の前から）後ろの名詞である houses を修飾しています。これは「限定詞が持つ修飾関係切断機能」の例外です（▶p. 94）。houses [haʊzɪz]（ハウズィズ）は house [haʊs]（ハウス）の複数形です。were は過去形の動詞で、絶対に述語動詞です（▶p. 21）。

現在

☒ **12. *Webster's* is my only dictionary.** （『ウエブスター辞典』は私の唯一の辞書です。）

☒ S ② a a ^{n}C

Webster は有名なアメリカの辞書編纂者の名前です。Webster's dictionary は「ウエブスターの辞書⇒ウエブスターが作った辞書」という意味です。これを Webster's（ウエブスターのもの）という独立所有格で表しています。Webster's の後ろの dictionary は省略されていて、単に Webster's（ウエブスターのもの）となっていますが、「Webster と言えば有名な辞書編纂者だ」⇒「ウエブスターのもの＝ウエブスターの辞書を指す」とわかるためです。書籍名はイタリック（斜字体）にする習慣なので *Webster's* になっています。is は現在形の動詞で、絶対に述語動詞です（▶p. 22）。**所有格や定冠詞の後に置かれた only は形容詞で「唯一の」という意味です。**

現在

☒ **13. That's quite another matter.** （それは全く別問題だ。）

☒ S ② ad a ^{n}C

That's は「That is の短縮形（この is は be 動詞、be 助動詞のどちらもありえます）」か、「That has の短縮形（この has は完了を作る助動詞です）」です。ここでは That is の短縮形です。is は現在形の動詞で、絶対に述語動詞です（▶p. 22）。直訳は「それは全く別の事柄である」です。

現在

☒ **14. Chris paints women's portraits.** （クリスは女性の肖像画を描く。）

☒ S ③ a O

Chris は人名ですが、男性の名前にも女性の名前にも使われます。paints の s は「三人称・単数・現在の s」、women's の 's は「所有格の 's」、portraits の s は「複数形の s」です。women は「女性」という意味の名詞の複数形で、単数形は woman です。paints は現在形の動詞で、絶対に述語動詞です（▶p. 22）。この英文は現在形の動詞を使っていますが、「今描いている」という意味ではなくて「普段から描く」あるいは「描く才能を持っている」という意味です。「普段から描く」場合は、職業として描く場合、趣味として描く場合、どちらも含みます。「今描いている」場合は、paints ではなくて、Chris is painting women's portraits. と言います。is painting は「進行形」と呼ばれる形で、p. 108 で勉強します。

現在
☒ **15. There's a new car outside.** （外に新しい車がある。）
☒ 誘導ad ① a S ad

There's は「There is の短縮形」と「There has の短縮形」の2つの可能性があります。ここは There is の短縮形です。is は現在形の動詞で、絶対に述語動詞です（▶p. 22）。There は誘導副詞（▶p. 23）で、述語動詞の is を主語の car の前に引き出しています（a new car を主語と呼んでもいいですが、厳密に言えば、a new car は「主部」で、car が「主語」です）。

現在
☒ **16. How beautiful this flower is!** （この花はなんて美しいんでしょう。）
☒ ad ªC a S ②

この英文は感嘆文で、末尾に感嘆符号が付いています。How は感嘆副詞（▶p. 331）で、beautiful という形容詞にかかっています。**感嘆副詞の How が作る感嘆文は「How 形容詞」または「How 副詞」を文頭に出すことになっています。**その結果「ªC S is!」という倒置形の文になっています。is は現在形の動詞で、絶対に述語動詞です（▶p. 22）。

現在
☒ **17. He never breaks his promise.** （彼は決して約束を破らない。）
☒ S ad ③ a O

never は「決して〜ない」という意味の「否定を表す副詞」です（▶p. 77）。breaks の s は「三人称・単数・現在の s」です。breaks は現在形の動詞で、絶対に述語動詞です（▶p. 22）。活用は〔break-broke-broken〕です。**his は所有格（「彼の」という意味で、品詞は形容詞）と所有代名詞（「彼のもの」という意味で、品詞は名詞）の2つの可能性があります**（▶p. 39）。ここは所有格です。

現在
☒ **18. Jack's brother sometimes loses his hopes.**
☒ a S ad ③ a O

（ジャックのお兄さんはときどき希望を失う。）

Jack's の 's は「所有格の 's」、sometimes の s は「副詞的属格の s」、loses の s は「三人称・単数・現在の s」、his は所有格、hopes の s は「複数形の s」です。loses は現在形の動詞で、絶対に述語動詞です（▶p. 22）。brother は「兄」かもしれませんし、「弟」かもしれません。

過去
☒ **19. He set the dogs loose.** （彼は犬たちを放した。）
☒ S ⑤ O ªC

set は〔set-set-set〕という活用の動詞で、set は「原形、現在形、過去形、過去分詞形」の可能性があります。**Lesson 5 までは現在形か過去形の動詞しか出てこないことになっています**

(▶p. 8の下線部)。したがって、このsetは現在形か過去形ですが、主語がHeという三人称・単数の名詞なので、もし現在形なら「三人称・単数・現在のs」が付いてsetsにならなければいけません。このことから、このsetは過去形であるとわかります。[注]「(〜をある状態に)した」という意味を表しています。setは過去形の動詞で、絶対に述語動詞です(▶p. 21)。

dogsのsは「複数形のs」です。looseは「縛っていない、解き放たれている」という意味の形容詞です。looseは、setの助けを借りて、間接的にdogsの状態を説明しているので、働きは補語です。

注　これは、複雑な事象を処理する技術を身につけるために、まず状況を人為的に限定し、その限定された状況(=人工的な状況)下で事象を処理する技術を練習するという「技術習得の普遍的な手法」です。「現在形か過去形しかありえない状況なら識別できる」となったら、次に原形を加えて「原形・現在形・過去形」の中で識別する練習を行ない、それができるようになったら過去分詞形を加えて(つまり、状況を限定せず)「原形・現在形・過去形・過去分詞形」の中で識別する練習を行なうのです。『黄リー教』はこのように段階的に練習を進めていきます。

過去

☒ **20. He got Betty's parents' consent.**　(彼はベティの両親の同意を得た。)
☒

S　③　a　a　O

☒ got は〔get-got-got または gotten〕という活用の動詞で、gotは「過去形、過去分詞形」の可能性があります。Lesson 5までは現在形か過去形の動詞しか出てこないことになっています(▶p. 8の下線部)。したがって、このgotは過去形です。過去形の動詞は、絶対に述語動詞です(▶p. 21)。

Betty'sの'sは「所有格の's」で、Betty'sはparentsにかかっています(「ベティの両親」という意味です)。parentsのsは「複数形のs」です。Betty's parents'の「'」は、parentsではなくて、Betty's parentsに付いている「'」で、「所有格の'」です(▶p. 31)。**Betty's parentsが複数形なので、末尾に「's」を付けるのではなく、「'」だけを付けて所有格にしています。**

Lesson 5, 6

現在

☒ **21. The final plan differs greatly from the original one.**
☒

a　S　①　ad　前　a　n　ad

読み下し　The final plan differs greatly 最終的な案は大きく異なる from the original one. 元々の案から

和訳　最終案は原案とは大きく異なる。

the original oneのoneは、planの代わりをする代名詞です。同じ語の繰り返しを避けるために代名詞のoneが使われています(▶No. 52, 60)。

過去

☒ **22. The man had meals at regular times every day.**

☒ S ③ O 前 a n a n
ad 副詞的目的格

読み下し The man had meals その男は食事をとった at regular times 決まった時間に every day. 毎日

和訳 その男は毎日決まった時間に食事をとった。

have は食べ物、飲み物、タバコを目的語にすると「食べる、飲む、吸う」という意味を表します。every day については▶p. 132。

現在

☒ **23. Is Sunday convenient for you?** （日曜日はご都合がよろしいですか？）

☒ ② S ^{a}C ad

「人 is convenient.」とは言えません。ですから「私は日曜日が都合がいいです」は Sunday is convenient for me. です。

過去

☒ **24. The teacher gave me many helpful hints for new students.**

☒ S ④ O a a O 前 a n
a

読み下し The teacher gave me 先生は私にくれた many helpful hints 多くの役に立つヒントを for new students. 新しい学生のための

和訳 先生は私に新入生のためのたくさんの有益なヒントをくださった。

現在

☒ **25. There is something peculiar about him.**

☒ 誘導ad ① S a ad

読み下し There is something peculiar 何か風変わりなものがある about him. 彼には

和訳 彼にはどこか風変わりなところがある。

something peculiar については▶p. 78。この about は「～（の身辺）には、～（の性格）には、～に付随して」という意味を表す前置詞です。

過去

☒ **26. I took her to a place famous for its beauty.**

☒ S ③ O ad a 前 a n
ad

読み下し I took her to a place 私は彼女を場所に連れて行った famous for its beauty. それの美しさで有名な

和訳 私は彼女を美しい景色で有名な場所に連れて行った。

its は it の所有格で（▶p. 29）、it は a place を指しています。「その場所の」の意味です。

現在

☒ **27. At the seashore the air feels cold.**
☒ ad S ② ^{a}C

読み下し At the seashore 海岸で the air feels cold. 空気は冷たいように感じる
和訳 海岸では空気が冷たく感じられる。

この feels は「3 単現の s」が付いた現在形で、「～のように感じる」という意味の②の動詞です（▶p. 24）。「～」のところに ^{a}C（＝形容詞で補語）が入ります。

過去

☒ **28. I found the weather very cold in Finland.**
☒ S ⑤ O ad ^{a}C ad

読み下し I found the weather very cold 私は気候が非常に寒いのを知った in Finland. フィンランドでは
和訳 フィンランドではとても寒いことがわかりました。

「⑤の基本的意味」と「O と C の間にある意味上の主語・述語関係」で捉えると、「私は、気候がフィンランドで非常に寒い状態であるのを認識した」となります（▶p. 58)。

過去 過去

☒ **29. They were all hungry and the food smelt good.**
☒ S ② n ^{a}C ＋ S ② ^{a}C
同格

読み下し They were all hungry 彼らは全員空腹だった and そして the food smelt good. 食べ物はよい匂いがした
和訳 彼らはみなお腹をすかせていて、食べ物はよい匂いがした。

smell は②で「～の匂いがする」という意味を表す使い方があります。補語には形容詞が入ります。e.g. Lilies smell sweet.（百合は甘い匂いがする）活用は〔smell-smelled-smelled〕または〔smell-smelt-smelt〕です。

現在

☒ **30. This book sells well.** （この本はよく売れる。）
☒ a S ① ad

sell は③で「売る」という意味を表すほかに、①で「売れる、売られる」という意味を表します。

過去　　　　　　　過去

☒ **31. She put her son to bed, and sang him a lullaby.**
☒ S ③ a O ad + ④ O O

読み下し She put her son to bed, 彼女は息子を寝かせた and sang him a lullaby. そして彼に子守唄を歌ってやった

和訳 彼女は息子を寝かせて、子守唄を歌ってあげた。

このputは「(ある場所へ) 行かせる」という意味です。「put 人 to bed」で「人を寝かせる」という意味になります。andは等位接続詞 (▶p. 88) でputとsangをつないでいます。putは③、sangは④で、働き (動詞の働きは動詞型＝番号です) が違います。しかし、どちらも述語動詞なので等位接続詞でつなぐことができます。**等位接続詞は、動詞と動詞をつなぐときは、述語動詞同士であれば、働き (＝番号) が違っていてもつなげるのです。**このsangは④で、基本的意味は「与えた」です (▶p. 56)。

過去

☒ **32. My sister was fast asleep.** (妹はぐっすり眠っていた。)
☒ a S ② ad aC

fastは副詞で「急速に、堅く、しっかりと、ぐっすり」という意味を表します。ここは「ぐっすり」という意味でasleepにかかっています。

現在

☒ **33. The district has the soil favorable to rapid growth.**
☒ S ③ O a 前 a n ad

読み下し The district has the soil その地方は土壌を持っている favorable to rapid growth. 急速な生長に好都合な

和訳 その地方は急速な生長に好適な土壌を持っている。

favorableは「好都合な」という意味の形容詞で、soilを修飾しています。

現在　　　　　　　現在　原

☒ **34. His house stands on a hill, and on windy days he has to keep the windows closed.**
☒ a S ① ad + 前 a n S aux ⑤ O aC ad

読み下し His house stands on a hill, 彼の家は丘の上に立っている and on windy days そして風

の強い日に he has to keep the windows closed. 彼は窓を閉めておかなければいけない

和訳　彼の家は丘の上に立っていて、風が強い日には、窓を閉めておかなければならない。

and は文（＝His house stands on a hill）と文（＝he has to keep the windows closed）を対等につないでいます。このように**複数の文が等位接続詞によって対等につながれた文を「重文」と言います**。on windy days が keep にかかることについては p. 401 の下線部を参照。has to については▶p. 96。closed は③の close の過去分詞形容詞用法（▶p. 427）と捉えてもよいですが、辞書は「閉ざされた」という意味の形容詞にしています。

現在

☒ **35. The climate of this country is like that of Japan.**
☒ S　前　a　n　②　^{a}C　a
a

読み下し　The climate of this country この国の気候は is like that of Japan. 日本の気候のようだ
和訳　この国の気候は日本の気候に似ている。

like は「〜のような、〜に似ている」という意味の前置詞です（▶p. 88）。that は the climate の代わりをしている代名詞です。like that は「この国の気候が存在している際の、存在の仕方や位置を言っている」のではなく、「この国の気候の特徴や性質を説明している」のです。すなわち like that は、動詞（＝is）を説明している（＝「どのように存在しているか」を説明している）のではなく、主語（＝The climate）の状態を動詞の助けを借りて間接的に説明している（＝「どのような気候であるか」を「〜である」という意味の動詞 is の助けを借りて間接的に説明している）のです。ですから like that は、副詞句で is（＝「存在する」という意味の①の動詞）にかかるのではなく、形容詞句で is（＝「〜である」という意味の②の動詞）の補語です（▶p. 381, 中学 22）。すなわち「① ad」ではなくて「② ^{a}C」です。

現在

☒ **36. He lives in a small house close to the river.**
☒ S　①　前　a　n　a　ad
ad

読み下し　He lives in a small house 彼は小さな家に住んでいる close to the river. 川のすぐそばの
和訳　彼は川のすぐそばの小さな家に住んでいる。

close は形容詞・副詞のときは [kloʊs]（クロウス）という発音です。動詞・名詞のときは [kloʊz]（クロウズ）という発音です。ここでは形容詞で、house を後ろから修飾しています。

過去　原

☒ **37. Would you like bacon and eggs for breakfast?**
☒ aux　S　③　n　＋　n　ad
O

(朝食にベーコンエッグはいかがですか？)

「Will you V . . . ?」は疑問文ですが、通常「Vしてくれませんか？ Vしませんか？」という「依頼・勧誘」の意味で使われます（▶p. 266、ただし will が「意志未来」を表して「あなたはVするつもりですか？」という意味になることもあります）。Will を過去形にすると丁寧で控えめな表現になります。この Would は難しく言うと「仮定法過去の婉曲用法」と言います（▶中学 20）。直訳は「朝食にベーコンエッグを好みますか？」ですが、実際は「朝食にベーコンエッグはいかがですか？」という勧める意味で使われます。この and は「2つのものが組み合わさって一体化していること」を示します。ですから「ベーコンと卵」ではなくて「ベーコンエッグ」です。e.g. bread and butter（バターを塗ったパン）

現在　原

☒ **38. You will be sorry for this error someday.**
☒ S　aux　②　^{a}C　前　a　n　ad
ad

読み下し　You will be sorry あなたは後悔するでしょう for this error この間違いに対して someday. いつか

和訳　いつかあなたはこの間違いを後悔するでしょう。

現在　原

☒ **39. Careless driving may cost you your life.**
☒ a　S　aux　④　O　a　O

読み下し　Careless driving 不注意な運転は may cost you your life. あなたからあなたの命を取り去るかもしれない

和訳　不注意な運転をすると命を失うかもしれない。

動名詞は、形容詞ではなくて、副詞で修飾します（▶p. 372）。ですから、この driving は、動名詞ではなくて、「運転」という意味の純粋な名詞です。この英文は動名詞を使って Driving carelessly may cost you your life. と言うこともできます。この場合の Driving は①の動名詞です。

cost は④です。基本的意味は「取り去る」で、ここでの表面的意味は「失わせる」です（▶p. 57）。**「人間以外のものが主語になり、かつ人間が動詞の目的語になっている文」を無生物主語構文とか物主（ぶっしゅ）構文と呼びます。無生物主語構文を和訳する際は、主語を副詞要素に変え、動詞の目的語（＝人間）を主語に変えて、構造を変えて意訳します。**

過去

☒ **40. The magician changed her into a doll.**　(その魔法使いは彼女を人形に変えた。)
☒ S　③　O　ad

現在

☒ **41. There isn't a room available tonight.**

☒ 誘導ad ① ad S a ad

読み下し There isn't a room available 使える部屋はない tonight. 今晩は

和訳 今晩は満室です。

この部屋はホテルなどの部屋で、空き室で使えるときもあれば、客が使用中で使えないこともあります。したがって available は部屋自体の恒久的な性質を表しているのではなく、一時的な状態を表しています。このように**一時的な状態を表す形容詞は、後ろに修飾要素が付いていなくても（＝この場合であれば available の後に available を修飾する副詞要素がなくても）、形容詞（＝available）を名詞の後に置いて、後ろから前の名詞を修飾する形にします。**

過去

☒ **42. He felt ashamed of himself.** （彼は自分を恥ずかしいと感じた。）

☒ S ② aC ad

この felt は「〜のように感じる」という②の動詞 feel の過去形です。

過去 原

☒ **43. Would you please spare me a few minutes?**

☒ aux S ad ④ O a O

（どうか数分お時間を割いてください。）

Would you V . . .? については▶No. 37, 中学 20。ここの please は「どうぞ、どうか」という意味の副詞です。spare にかけてもいいし、文修飾にしてもいいです（▶p. 87）。ここの spare は「分け与える、割く」という意味で、④で使われています。基本的意味は「与える」です。

現在

☒ **44. That student is still a mere child.** （あの学生はまだほんの子供だ。）

☒ a S ② ad a nC

過去

☒ **45. He laid himself on a sofa.**

☒ S ③ O ad

読み下し He laid himself 彼は横になった on a sofa. ソファーの上に

和訳 彼はソファーの上に横になった。

第 3 文型では、「動詞の目的語」は「主語とイコールにならない名詞」です。たとえば He killed her.（彼は彼女を殺した）なら killed は③で、her は「動詞の目的語」で、He と her はイコールではありません。しかし、「主語そのもの」を動詞の目的語にする必要がある場合があります。たとえば「彼は自分を殺した（＝彼は自殺した）」のような場合です。この場合にHe killed him.（彼は彼を殺した）とすると、killedは③で、himは動詞の目的語ですから、Heとhimはイコールではない（すなわち別人）ということになってしまいます。そこで、**本来は「主語とイコールにならない名詞」であるはずの「動詞の目的語」に「主語そのもの」を入れたことを読み手にわからせるための語として「〜 self（〜自身）」という語を使う**のです（この語は再帰代名詞と呼ばれます）。するとHe killed himself.（彼は彼自身を殺した→彼は自殺した）となって、読み手は「killedは③だが、動詞の目的語は主語とイコールなのだ（＝同一人物なのだ）」とわかるのです。したがって、この場合にはHe＝himselfですが、himselfは「動詞の目的語」なのです。上の英文のhimselfもHe＝himselfですが、himselfは「動詞の目的語」になっています。

layは「横たえる、（卵を）産む」という③の動詞で〔lay-laid-laid〕という活用です。過去形のlayについてはp. 242参照。

過去

☒ **46. Here once stood a huge oak.**
☒ ad ad ① a S

読み下し Here ここに once stood かつて立っていた a huge oak. 大きなオークの木が
和訳 かつてここには大きなオークの木が立っていた。

第1文型が倒置しています。

現在 現在

☒ **47. The team's English is poor except the captain's, and his is excellent.**
☒ a S ② ^{a}C 前 n ＋ S ② ^{a}C
ad

読み下し The team's English is poor あのチームの英語は下手だ except the captain's, キャプテンのを除いて and his is excellent. そして彼のは素晴らしい
和訳 あのチームのメンバーの英語は、キャプテン以外は、お粗末だ。キャプテンの英語は素晴らしい。

team'sは所有格です（▶p. 28）。captain'sは「キャプテンのもの」という意味の独立所有格（▶p. 40）です。「もの」の中身はEnglishです。hisは「彼のもの」という意味の所有代名詞（▶p. 39）です。「もの」の中身はEnglishです。

過去

☒ **48. His poor explanation made them tired of his lesson.**
☒ a a S ⑤ O ^{a}C 前 a n
ad

読み下し His poor explanation 彼の下手な説明は made them tired of his lesson. 彼らを彼の授

業に退屈させた

和訳 下手な説明のせいで、彼らは彼の授業に退屈した。

この英文は「無生物主語構文（＝主語が無生物で、かつ動詞の目的語が人間の文）」です。そこで、主語を副詞要素に変え、動詞の目的語を主語に変えて意訳します（▶No. 39）。

tired は元々は tire（疲れさせる、退屈させる、うんざりさせる）という意味の動詞の過去分詞形ですが、辞書は「疲れた、退屈した、うんざりした」という意味の形容詞として扱っています。**tired of . . . は「. . . に退屈した、うんざりした」という意味です。**

「⑤の基本的意味」と「O と C の間にある意味上の主語・述語関係」で捉えると、「彼の下手な説明は、彼らが彼の授業に退屈した状態を生み出した」となります。

現在　原

☒ **49. The window of this room doesn't close easily.**

☒ S 前 a n aux ad ① ad

a

読み下し The window of this room この部屋の窓は doesn't close easily. 簡単に閉まらない

和訳 この部屋の窓はなかなか閉まらない。

close の発音については▶No. 36。**easily は close にだけかかっていて、doesn't は close easily を否定しています。**したがって「閉まらない」のではなく「『簡単に閉まる』ことをしない→なかなか閉まらない」という意味です。

原

☒ **50. Be of good cheer.** （元気を出せ。）

☒ You ② 前 a n

S aC

命令文で、主語の You が Be の前に省略されています。**of には「～を持っている、～を帯びている」という意味があります。**たとえば of importance（重要性を帯びている→重要な＝important）、of use（有用性を持っている→役に立つ＝useful）のような具合です。この of の目的語には、このような「性質を表す抽象名詞」が来ることが多いです（そうとは限りませんが）。この cheer は「気分、機嫌」という意味の抽象名詞で、of good cheer は「よい気分を持っている→気分がよい、元気がよい」という意味です。of good cheer は Be の補語です（▶No. 35）。Be of good cheer. を直訳すると「よい気分を持っている状態になりなさい」となります。

現在　現在

☒ **51. Lots of turtles climb onto the beach and lay their eggs in the sand.**

☒ a S ① ad + ③ a O ad

読み下し Lots of turtles climb onto the beach たくさんの海亀が浜に上がってくる and lay their eggs in the sand. そして砂の中に卵を産む

和訳 たくさんの海亀が浜に来て卵を産む。

a lot of . . . や lots of . . . は a lot of と lots of を 1 つの形容詞句にして、後ろの . . . にかけてください（▶中学 39）。onto は前置詞です。and は climb と lay をつないでいます。climb の発音は［klaɪm］で、末尾の b は発音しません。lay は③の動詞で「横たえる、（卵を）産む」という意味を表し、活用は〔lay-laid-laid〕です（▶No. 45）。なお、lie は①の動詞で、「うそをつく」という意味のときは〔lie-lied-lied〕という活用で、「横たわる」という意味のときは〔lie-lay-lain〕という活用です（▶p. 242）。したがって、**lay は①のときは過去形で「横たわった」という意味になり、③のときは原形または現在形で「横たえる、（卵を）産む」という意味になります**。この英文の lay は③の現在形です。

現在　現在　原

☒ **52. My coat is quite shabby, and so I must get myself a new one.**

☒ a→S ② ad→ᵃC + 文ad S aux ④ O a→O

読み下し My coat is quite shabby, 私のコートはひどくみすぼらしい and so だから I must get myself a new one. 私は自分自身に新しいコートを入手しなくてはいけない

和訳 私のコートはひどくみすぼらしい。だから新しいコートを手に入れなくてはいけない。

and は文（=My coat is quite shabby）と文（=so I must get myself a new one）をつないでいます。so は My coat is quite shabby を受ける副詞で「だから」という意味です。働きは I must get myself a new one にかかる文修飾です。**S+V, and so S+V. という形は and を省略して S+V, so S+V. と書くことができます**（▶p. 171）。

この英文は複数の文が等位接続詞によって対等につながれた「重文」です（▶No. 34）。I = myself ですが、myself は「動詞の目的語（ここでは間接目的語）」になっています。myself は再帰代名詞です（▶No. 45）。

a new one = a new coat です。coat が前に出ているので、繰り返しを避けるために one という代名詞を使って表したのです。ここの get は④で、④の基本的意味（▶p. 56）を使ってこの文の意味を取ると、「私は自分自身に新しいコートを与えなければならない→私は自分用に新しいコートを手に入れなければいけない」という意味になります。

過去

☒ **53. <u>After retirement</u> he lived a life free <u>of anxiety.</u>**

☒ ad S ③ O a ad

読み下し After retirement 引退した後 he lived a life 彼は人生を送った free of anxiety. 心配がない

和訳 彼は、引退後、気楽な人生を送った。

live は、本来は①で使う動詞ですが、live から派生した名詞である life を目的語にして、③

で使うことがあります。e.g. live a happy life (幸せな人生を送る) このような目的語を「**同族目的語**」と言います。die a miserable death (悲惨な死を遂げる) の death も同族目的語です。free of . . . で「. . . から解放された、. . . がない」という意味を表します。e.g. a harbor free of ice (氷がない港⇒不凍港)

現在

☒ **54. Meat easily goes bad in summer.**
☒ S ad ② aC ad

読み下し Meat easily goes bad 肉は簡単に悪くなる in summer. 夏に

和訳 肉は、夏はすぐに悪くなる。

go は②のときは「～になる」という意味です。goes は go の三人称・単数・現在形です (▶p. 32)。

過去

☒ **55. There once lived a rich merchant here.**
☒ 誘導ad ad ① a S ad

読み下し There once lived かつて住んでいた a rich merchant here. 金持ちの商人がここに

和訳 かつて、ここには金持ちの商人が住んでいた。

There は誘導副詞 (▶p. 23) で、主語 (＝a rich merchant) の前に述語動詞 (＝lived) を引き出しています。once は「かつて、一度」という意味の副詞です。ここは「かつて、昔」の意味です。

現在

☒ **56. My watch is a quarter of an hour slow.** (私の時計は 15 分遅れている。)
☒ a S ② 副詞的目的格 a aC

「(時計が) 遅れている」は slow、「(時計が) 進んでいる」は fast という形容詞で表します。この形容詞は補語で使います。a quarter of an hour は「1 時間の 4 分の 1＝15 分」という意味の名詞です。働きは「(数量を表す) 副詞的目的格」で slow を修飾しています。**副詞的目的格が形容詞・副詞を修飾するときは、必ず形容詞・副詞の直前に置きます** (▶p. 92)。

過去

☒ **57. The mistake never did anyone much harm.**
☒ S ad ④ O a O

(その過ちが誰かに多くの害を与えることは決してなかった。)

do は③だと「～をする、行なう」という意味ですが、④だと「(間接目的語) に (直接目的語) を与える」という意味になります。したがって、この英文を直訳すると「その過ちはどんな人にも多くの害を決して与えなかった」となります。これは「害を与えなかった」とは言っていません。「多くの害を与えなかった」と言っているのです。ですから「わずかな害を与えられた人」はいたのかもしれません。

この英文は無生物主語構文です（▶No. 39, 48）。そこで構造を変えて訳すと「その過ちによって、どんな人も多くの害を受けることは決してなかった」となります。これは never を使った否定文です。never を使わないと The mistake did not do anyone much harm. となります（▶p. 75）。

過去

☒ **58. He bought items necessary for daily life.**

☒ S ③ O a 前 a n / ad

読み下し He bought items 彼は品物を買った necessary for daily life. 日常生活に必要な

和訳 彼は日常生活に必要な品々を買った。

もしかしたら bought を⑤、necessary を ^{a}C にした人がいるかもしれません。そもそも buy には⑤の用法が辞書に出ていませんから、この読み方はありえません。しかし、いつでも手元に辞書があって調べられるとは限りません。そこで「この英文を SVOC とは読めないことが辞書なしでどうしてわかるのか」を説明します。**この英文を SVOC と読んだ人は「⑤の基本的意味」と「O と C の間の意味上の主語・述語関係」に基づいて意味をとらなければいけません。すると「彼は品々が日常生活にとって必要である状態を（買うことによって）生み出した」となります。これでは意味不明です。ですから SVOC は違うということがわかるのです。もし SVOC と考えていながら「彼は日常生活に必要な品々を買った」と訳したなら、その人は「構造と意味が一致しない」という誤りを犯したことになります。この状態では「構造と意味のフィードバック」ができていないので、構造を考えることが、正しい読解に寄与しないことになります。「構造を考えたら、その構造通りに意味をとる（＝正しく直訳する）」**ことを心がけてください。これに上達すると、次第に「構造と意味のフィードバック」ができるようになってきます。

現在 原

☒ **59. How often a day does the bus run?**

☒ ad ad ad aux S ①

読み下し How often a day 一日にどれくらいの頻度で does the bus run? そのバスは走りますか

和訳 そのバスは一日に何本くらい走りますか？

often は「しばしば」という意味の副詞ですが、how（←疑問副詞）が付くと「しばしば」という意味が消えて、単なる「回数の尺度（＝頻度）」を表す語になります（▶p. 85, 中学 16, 27）。how often は「どれくらいの頻度で」という意味です。

a day の a は古英語の前置詞 *on*（〜につき）が変化したものです。同じ意味の前置詞に per

があり、「一日につき」は per day とも言います。How often per day . . . なら、per day は「前置詞＋名詞」の副詞句で often にかかります。辞書は、この a をはっきり前置詞として扱うものは少なく、不定冠詞の用法の中に入れているものが多いです。

現在

☒ **60. This novel of his is inferior to the previous one.**
☒ a　S　a　②　ᵃC　前　a　n　ad

読み下し　This novel of his is inferior 彼のこの小説は劣っている to the previous one. 前の小説よりも

和訳　彼のこの小説は前作よりも劣っている。

「彼のこの小説」と言いたいときに his this novel とか this his novel と言うことはできません。**his と this はどちらも限定詞で、「限定詞は重複使用できない」(より正確に言えば「冠詞と所有格と this, that, these, those は重複使用できない」)** というルールがあるからです。そこで所有格の his (彼の) を所有代名詞の his (彼のもの) に変えて、前置詞 of の目的語にし、of his を novel にかけることによって、his と this の重複使用 (＝前に並べて、同一の名詞にかけること) を避けるのです (▶p. 96, 中学 13)。

inferior は「より劣っている」という意味の形容詞で、比較の対象は「to 名詞 (名詞よりも)」の形で、inferior の後ろに付けます。「より優れている」は superior と言います。to the previous one の one は、novel の代わりをする代名詞です。

現在

☒ **61. A cup of coffee at night keeps me awake all night.**
☒ S　a　a　⑤　O　ᵃC　副詞的目的格

読み下し　A cup of coffee at night 夜の 1 杯のコーヒーは keeps me awake all night. 私を一晩中目が覚めている状態に保つ

和訳　夜にコーヒーを飲むと、私は一晩中眠れない。

「⑤の基本的意味」と「O と C の間にある意味上の主語・述語関係」の次元で捉えると、「夜の 1 杯のコーヒーは、私が目が覚めている状態を一晩中生み出す」となります (▶p. 58)。この英文は無生物主語構文です (▶No. 39, 48, 57)。そこで構造を変えて訳すと、上の和訳のようになります。all night については▶p. 91。

現在

☒ **62. He is by nature a kind fellow.**　(彼は生まれつき親切な男だ。)
☒ S　②　ad　a　ⁿC

現在

☒ **63. We have enough oranges for all of us.**
☒ S　③　a　O　ad　a

読み下し We have enough oranges 我々は十分なオレンジを持っている for all of us. 我々の全員にとって

和訳 私たち全員に行き渡るだけのオレンジがある。

過去

☒ **64. Finally his dream came true.**
☒ 文ad a→S ② ^{a}C

読み下し Finally とうとう his dream came true. 彼の夢が本当になった

和訳 とうとう彼の夢は実現した。

文修飾副詞は（1）「S＋V に対する話者の評価・見方・感想」（2）「S＋V の実現性・確実性に対する話者の判断」（3）「S＋V を述べる話者のスタンス」などを示します。(1) fortunately (幸いなことに)、naturally (当然)、(2) probably (たぶん)、surely (確かに)、(3) frankly (率直に言うと) などです。これに該当していたら文修飾と考えるべきです。しかし、これに該当していないとき、あるいは該当しているか否かはっきりしないときは、どちらでもいいのです。どちらでもいいのなら、全部「動詞修飾」にしてしまえばいいです。Finally は (1) に該当する文修飾副詞です。

②の come は「～になる」という意味です。補語には形容詞か不定詞形容詞用法を置きます。came true を直訳すると「本当になった」となります。

過去 原

☒ **65. What did you do during the summer vacation?**
☒ O aux S ③← 前 n
ad

読み下し What did you do あなたは何をしましたか during the summer vacation? 夏季休暇の間

和訳 夏休み中何をしましたか。

What は疑問代名詞です (▶p. 80)。did は助動詞・過去形で、do は動詞・原形です。

過去

☒ **66. It sounded like a true story.** （それは実話のように聞こえた。）
☒ S ② 前 a→n
^{a}C

②の sound は「～のように聞こえる」という意味です。補語には形容詞を置きますので、sounded a true story では間違いです。「～のような」という意味の前置詞 like を使って like a true story という形容詞句にします (▶No. 35, 中学 22)。

Lesson 7, 8, 9, 10

過去 ing

☒ **67. Three farmers were working in the field near the river.**

☒ a S ① ad a

読み下し Three farmers were working 3 人の農夫が働いていた in the field near the river. 川の近くの畑で

和訳 3 人の農夫が川の近くの畑で働いていた。

near は本来は形容詞・副詞で、「. . . の近くの、. . . の近くに」と言いたいときは near to . . . という形で使います。現在では、ここから to が落ちてしまい、near . . . で「. . . の近くの、. . . の近くに」という意味を表すようになっています。この場合の near は辞書では前置詞として扱われています。were working は過去形・述語動詞・①です。

過去 p.p.

☒ **68. Brown was beaten at the door.**

☒ S −③ ad

読み下し Brown was beaten ブラウンは殴られた at the door. ドアのところで

和訳 ブラウンはドアのところで殴られた。

was beaten は過去形・述語動詞・−③です。Brown was beating at the door. だと「ブラウンはドアをドンドン叩いていた」という意味の進行形の英文になります。was beating は過去形・述語動詞・①です。

現在 p.p. 過去

☒ **69. I have just been to the doctor's. I had a slight headache.**

☒ S aux ad ① ad S ③ a O

読み下し I have just been to the doctor's. 私はちょうど医者に行ってきたところだ / I had a slight headache. 少し頭痛がした

和訳 ちょうどお医者さんに行ってきたところです。ちょっと頭が痛かったので。

have been to . . . については▶p. 160。doctor's は独立所有格で、doctor's office の office が省略されています（▶p. 40）。

過去 p.p.

☒ **70. He was found dead in the morning.**

☒ S −⑤ ªC ad

読み下し He was found dead 彼は死んでいるのが見つかった in the morning. 朝になって

和訳 彼は朝になって死んでいるのが見つかった。

was found は受身形ですから、－③、－④、－⑤のどれかです。dead は形容詞ですが、前にも後ろにも修飾する名詞がないので補語です。補語を伴う受身形の動詞は－⑤です。**このように受身の動詞が出てきたときは、能動態に直さないで、受身のままで動詞型を決めなければいけません**（▶p. 126, 127）。**これは非常に大事なことで、この決め方ができないと「裸の過去分詞」の動詞型を考えることができなくなってしまいます**（▶p. 412）。was found は過去形・述語動詞・－⑤です。

⑤のときのOは、－⑤になるとSに移ります（▶p. 125）。ですから⑤のときの「OとCの間の意味上の主語・述語関係」は、－⑤になると「SとCの間の意味上の主語・述語関係」になります。そこで「－⑤の基本的意味」と「SとCの間にある意味上の主語・述語関係」の次元でこの英文の意味を捉えると、「彼が死んでいる状態が認識された」となります（▶p. 58）。

現在　原　p.p.

☒ **71. I will have finished the high school course by March next year.**
☒ S aux aux ③ O ad a n
副詞的目的格

読み下し I will have finished the high school course 私は高校の課程を修了しているでしょう by March next year. 来年の3月までには

和訳 私は、来年の3月までには、高校の課程を修了しているでしょう。

will have finished については▶p. 172、by については▶p. 169。next year は本来は副詞的目的格です。e.g. I'm going to Canada next year.（来年はカナダに行く予定だ）

「時間・場所を表す副詞」は、名詞の直後に置けば、名詞を修飾できます（▶p. 278, 中学41）。e.g. The people here are very open.（ここの人たちはとても開放的だ）/ the evening before（前の晩）/ the road ahead（前方の道路）そこで「時間を表す副詞的目的格」である next year も名詞（この場合は March）の直後に置けば、名詞を修飾できるのです。ところで、理屈はそうですが、ここは March next year で「来年の3月」という意味の「ひとかたまりの名詞」と考えてもよいです。

現在　ing

☒ **72. I am recruiting a man rich in ideas.**
☒ S ③ O a ad

読み下し I am recruiting a man 私は人を募集している rich in ideas. アイデアに富んだ

和訳 私はアイデアに富んだ人を求めている。

am recruiting は進行形で（▶p. 109）、現在形・述語動詞・③です。

過去　p.p.

☒ **73. An atomic bomb was dropped on Hiroshima in 1945.**
☒ a S －③ ad ad

読み下し　An atomic bomb was dropped 原子爆弾が落とされた on Hiroshima in 1945. 広島に 1945 年に

和訳　1945年、広島に原子爆弾が投下された。

was dropped は受身形で（▶p. 128）、過去形・述語動詞・−③です。

現在　p.p.

☒ **74. With regard to big inventions, chance has played a very small part.**
☒

ad　前　a　n　S　aux　③　ad　a　O
a

読み下し　With regard to big inventions, 大発明品に関しては chance has played a very small part. 偶然は極めて小さな役割しか果たしていない

和訳　大発明に関しては、偶然は極めて小さな役割しか果たしていない。

with regard to . . . は「. . . に関しては」という意味の副詞句です。chance は「機会、偶然、可能性」という意味があります。ここは「偶然」です。by chance は「偶然に」という意味の慣用句です。

過去形の動詞を使った chance played a very small part であれば、「過去の大発明で、偶然が極めて小さな役割しか果たさなかった」ことを言っているだけで、現在の大発明については何も言っていません。ところが、本文のように現在完了で言うと、過去の実情を引き合いに出すことによって「その状態は現在も続いていて、現在の大発明、さらには将来の大発明についても状況は同じだ」ということをイイタイのです。

現在　ing

☒ **75. Why is she taking a boat to London?**
☒

ad　S　③　O　ad

読み下し　Why is she taking a boat なぜ彼女は船に乗るのですか to London? ロンドンまで

和訳　なぜ彼女はロンドンまで船で行くのですか？

take a boat to . . . は「. . . まで船で行く」、take a boat for . . . は「. . . 行きの船に乗る」という意味です。is taking は現在形・述語動詞・③で、「近い未来の予定」を表しています（▶p. 112）。

現在　原　p.p.

☒ **76. The soup must be made hot.**　（そのスープは熱くしなければいけない。）
☒

S　aux　−⑤　^{a}C

be made は受身形ですから −③、−④、−⑤のどれかです。hot は形容詞ですが、前にも後ろにも修飾する名詞がないので補語です。補語を伴う受身形の動詞は −⑤です。⑤の make の基本的意味は「生み出す」です（▶p. 58）。そこで「−⑤の基本的意味」と「S と C の間にある意味上の主語・述語関係」の次元でこの英文の意味を捉えると、「そのスープが熱い状態が

生み出されなければならない」となります。これを「そのスープは熱くしなければいけない」と訳しています。

現在　p.p.　p.p.

☒ **77. The gate has been left open.**　（門が開けっ放しにされている。）
☒ S　aux　−⑤　^{a}C

be left は受身形ですから−③、−④、−⑤のどれかです。open は形容詞ですが、前にも後ろにも修飾する名詞がないので補語です。補語を伴う受身形の動詞は−⑤です。⑤の leave の基本的意味は「生み出す」です（▶p. 58）。そこで「−⑤の基本的意味」と「S と C の間にある意味上の主語・述語関係」の次元でこの英文の意味を捉えると、「門が開いている状態が生み出されている」となります。これを「門が開けっ放しにされている」と訳しています。門が開かれたのは過去のことです。これを過去形で言わずに、現在完了で言ったのは「（過去において開かれた結果）現在開かれた状態にある⇒自由に通れる」ということを伝えたいからです。been left は過去分詞形・述語動詞・−⑤です（▶p. 128）。

過去
ing
過去　ing　p.p.

☒ **78. The child was being led out by the nurse just at that time.**
☒ S　aux　aux　V　ad　ad　ad　前　a　n
V　ad
−③

読み下し　The child was being led out その子は外に連れ出されつつあった by the nurse 看護師によって just at that time. ちょうどそのとき

和訳　ちょうどそのとき、その子供は看護師が外に連れ出そうとしているところだった。

lead は〔lead-led-led〕という活用で、過去形と過去分詞形は led です。これを let と間違える人が多いので注意してください。「lead 人 場所を表す副詞」で「（手を引いたり、先に立ったりして）人を〜に案内する、連れて行く」という意味です。The nurse led the child out.（看護師はその子供を外に連れ出した）を受身にすると The child was led out by the nurse. になります。これを進行形にするときは「was led という過去形の動詞」を「being led という ing 形の動詞」に変えます。それに「進行形を作る be 助動詞の過去形である was」を付けると was being led となります（▶p. 134）。was being led は過去形・述語動詞・−③です。

現在　p.p.

☒ **79. Have you been interested in Japan for a long time?**
☒ aux　S　②　^{a}C　ad　前　a　n
ad

読み下し　Have you been interested in Japan あなたは日本に興味がありましたか for a long time? 長い間

和訳　あなたは前から日本に興味がおありですか。

Have . . . been は継続の意味の現在完了です（▶p. 159）。相手が今現在持っている「日本への興味」が、一時的な興味ではなく、大分前からの継続的な興味なのかを尋ねています。状況によりますが、たとえば「あなたの日本に関する知識は付け焼刃で身につくようなものではない」とか「あなたの質問の仕方は通り一遍の観光客がするようなものと違う」といった話者の気持ちが現在完了で表されています。interested については▶p. 142。

過去　p.p.

☒ **80. Those presents were all arranged under the Christmas tree.**

☒ a　S　n　−③　ad

同格

読み下し　Those presents were all arranged それらの贈り物はすべて並べられた under the Christmas tree. クリスマスツリーの下に

和訳　それらの贈り物は全部クリスマスツリーの下に並べられた。

presents は「贈り物」という意味の名詞の複数形です。all は「すべて」という意味の代名詞で、働きは Those presents と同格です。were arranged は過去形・述語動詞・−③です。

過去　p.p.

☒ **81. Those present were all shocked into silence.**

☒ S　a　n　−③　ad

同格

読み下し　Those present その場にいた人々は were all shocked みなショックを受けて into silence. 沈黙状態になった

和訳　その場にいた人たちはみなショックで口がきけなくなった。

those は「人々」という意味の名詞です。よく those who V . . .（V する人々）という形で出てきます（▶p. 255）。**形容詞の present は「現在の」と「出席している、その場にいる」という 2 つの意味があります。前から名詞にかけた場合は前者の意味で、後から名詞にかけた場合と補語になっている場合は後者の意味です。**ですから、the present members は「現在の会員たち」、the members present は「出席している会員たち」、All the members were present. は「全会員が出席していた」という意味になります。 were shocked は過去形・述語動詞・−③です。

現在　ing

☒ **82. Tom is always being foolish.**

☒ S　ad　②　aC

（トムはいつもおバカなことばかり言っている（or している）。）

この英文は Tom is foolish. を現在進行形にしたものです。「be 動詞の現在形」である is を ing 形に変えると being になります。これに「進行形を作る be 助動詞の現在形」である is を付けると is being となって進行形の動詞ができあがります。学校文法の捉え方をすると is being

が「現在形・述語動詞・②」です（▶p. 111, 113）。この英文は「一時的にバカである状態をいつもしている」という意味で、is always being は「一時的状態の反復」を表しています。**is being だけだと「一時的状態」を表す現在進行形ですが**（▶p. 113, 120）、これに always を付けることによって、その一時的状態が反復的であることが表されるのです（▶p. 112）。

現在　p.p.　ing

☒
☒ **83. How long have you been looking for a job?**

ad　ad　aux　S　①　ad

読み下し　How long どれくらいの時間 have you been looking for a job? あなたは仕事を探し続けていますか

和訳　あなたはどれくらい前から、仕事を探しているのですか。

このlongは「(時間的に) 長く」という意味の副詞です。ところが「程度を尋ねる」疑問副詞のHowが付いてHow longになると、「長く」という意味は消えて、単なる時間の長さを示す尺度になります（▶p. 85, No. 59, 中学 16, 27）。How longは「どれくらいの時間」という意味です。

look for . . . は「. . . を探す」という意味です。have . . . been looking（現在完了進行形）については▶p. 161。been lookingは過去分詞形・述語動詞・①です。

過去　p.p.

☒
☒ **84. She was driven almost mad by the pain.**

S　−⑤　ad　ᵃC　ad

読み下し　She was driven almost mad 彼女はほとんど気がふれた状態に駆り立てられた by the pain. 痛みによって

和訳　彼女は痛くて気も狂わんばかりになった。

madはSheの状態を説明する形容詞です。説明の仕方は、was drivenという動詞の助けを借りて間接的に説明しています。したがって、madの働きは補語です。was drivenは受身の動詞で、受身の動詞の動詞型は−③、−④、−⑤のどれかです。この3つの動詞型のうち、補語を伴うのは−⑤です。ですからwas drivenは−⑤に決まります。

almostは「ほとんど」という意味の副詞です（▶p. 197）。almost madは「限りなくmad（気が狂っている）に近いが、厳密にはmadではない」という意味です。

この英文を「−⑤の基本的意味」と「SとCの間にある意味上の主語・述語関係」で捉えると、「彼女がほとんど気がふれている状態が、その痛みによって、生み出された→彼女は痛くて気も狂わんばかりになった」となります（▶p. 58）。

p.p. ing 現在 p.p. ing p.p.

☒ ☒ **85. Dick has been being scolded by his boss for a long time.**

S aux aux aux V 前 a n 前 a n

V ad ad

−③

読み下し Dick has been being scolded ディックは叱られ続けている by his boss 上司によって for a long time. 長い間

和訳 ディックは上司にずいぶん長いこと叱られ続けている。

be scolded は「叱られる」という「受身の動詞の原形」です。この動詞を ing 形にすると being scolded になります。これは ing 形の動詞ですから「進行形・動名詞・現在分詞形容詞用法・分詞構文」のどれでも使えます。進行形にするときは「進行形を作る be 助動詞」を付けて be being scolded にします。学校文法では、これ全体を「進行形を表す 1 つの動詞の原形」として扱います（▶p. 109, 134）。この動詞を過去分詞形にすると been being scolded になります。これは過去分詞形の動詞ですから、「受身・完了・過去分詞形容詞用法・分詞構文」のどれかで使います。実際には、「been p.p.」と「been –ing」という過去分詞形の動詞は「完了」だけで使います（▶p. 162）。そこで been being scolded を使うときは、「完了を作る have 助動詞」を付けて have been being scolded にします。have を三人称・単数・現在形にしたのが本文です。has been being scolded は「受身の現在完了進行形」で「現在までの継続」を表しています。

進行形は反復的動作を表す場合があります（▶p. 112）。そこで been being scolded が「反復的動作」を表しているとすると、for a long time は数か月の単位になり「ディックは（数か月に及ぶ）長い間、上司から繰り返し叱責され続けてきた」という意味になります。文脈次第ではこういうこともありえますが、通常は、been being scolded は「進行中」を表し、for a long time は数分ないし数十分の単位で「ディックは（もう 10 分以上にも及ぶ）長時間、上司から叱られ続けている」という意味を表します。

現在 過去

☒ ☒ **86. All people have a right to equal opportunities, and no one should**

a S ③ O 前 a n + a S aux

a

原 p.p.

be denied opportunities because of race, color or religion.

−④ O 前 n n + n

ad

読み下し All people have a right 全ての人は権利を持っている to equal opportunities, 平等な機会に対する and そして no one should be denied opportunities どんな人も機会を否定されるべきでない because of race, color or religion. 人種、肌の色、宗教を理由にして

和訳 全ての人は平等な機会を得る権利を持っている。そして、どんな人も、人種、肌の色、宗

教を理由にして、機会を否定されるべきでない。

no については▶p. 78。be denied は受身形ですから、−③、−④、−⑤のどれかです。opportunities は前置詞が付かない名詞で、主語の one とイコールではないので「動詞の目的語」です。動詞の目的語を伴う受身形の動詞は−④です。be denied は原形・述語動詞・−④です。④の deny の基本的意味は「与えない」です（▶p. 57）。

because は従属接続詞で because S＋V という副詞節を作ります。それに対して because of はこの 2 語で「1 つの前置詞」で、「because of 名詞」という副詞句を作ります。働きが同じ 3 つの語・句・節を等位接続詞でつなぐときは「A, B (,) 等位接続詞 C」にします。

Lesson 11, 12, 13, 14, 15, 16

現在 p.p. ／ 現在

☒ ☒ **87. 〈Before a road in a town is made wider,〉 many buildings have to**

接 S a −⑤ ªC a S aux

原 p.p.

be pulled down.

−③ ad

読み下し Before a road in a town is made wider, 町の道路がより幅が広くされる前に many buildings have to be pulled down. 多くの建物が壊されなければならない

和訳 市街地の道路を拡幅するには、その前に多くの建物を壊さなければならない。

before は副詞や前置詞のこともありますが、ここの Before は従属接続詞です。a road in a town is made wider を「−⑤の基本的意味」と「S と C の間にある意味上の主語・述語関係」の次元で捉えると、「町の道路がより幅が広い状態が生み出される」となります。

have to は「末尾に to が付く助動詞」です（▶p. 96）。pull down . . .（. . . を引き降ろす、. . . を取り壊す）は「pull が③で、down が副詞」です。ですから、本文の構造は「be pulled が−③、down が副詞で be pulled にかかる」となります。もし仮に down が前置詞だったとしたら、be pulled down は「群動詞の受身」ですから、構造は「be pulled down が−③」となります。「群動詞の受身」については No. 155, 209, 215 参照。

過去 原

☒ ☒ **88. Sometimes the ducks went to swim in the river for a change.**

ad S ① ad ① ad ad

読み下し Sometimes ときどき the ducks went to swim in the river アヒルたちは川へ泳ぎに行った for a change. 気分転換のために

和訳　ときどきアヒルたちは気晴らしに川へ泳ぎに行った。

「川へ泳ぎに行く」の「川へ」は、to the river ではなくて in the river にします。「川へ泳ぎに行く」は go to swim in the river と go swimming in the river の２つの言い方があります。前者は「出かけて行って実際に泳げるかどうか」には言及していませんが、後者は「実際に泳げる」ことを示唆しています。ですから、実際に川に行ったら、川が干上がっていて泳げなかった場合には、went to swim in the river と言う方がよいです。go swimming は元々は「to の意味を表す接頭辞である a-」を付けて go a-swimming と言ったものが、「a-」が取れて go swimming になったものです。ですから、swimming は起源をたどれば動名詞ということになります。しかし、実用的には go –ing で「～しに行く」という表現として覚えて、それ以上詮索しない方がよいです。e.g. go shopping（買い物に行く）/ go fishing（釣りに行く）

☒
☒ **89. A person (who had a white elephant) had to pay a lot of money to take care of it.**

過去 (had) / 過去 (had to) / 原 (pay) / 原 (take)

S (A person) ← S (who) ③ (had) a → O (a white elephant) / aux (had to) ③ (pay) a → O (a lot of money) / ad (to take care of) ③ O (it)

読み下し　A person who had a white elephant 白い象を所有していた人は had to pay a lot of money 大金を払わなければならなかった to take care of it. それの面倒を見るために

和訳　白い象を所有している人は、それの面倒を見るために大金を払わなければならなかった。

who については▶p. 238、had to については▶p. 96。a lot of は「たくさんの」という意味の形容詞句で、後の名詞にかかります（▶No. 51, 中学 39）。take care of は「③の群動詞」として扱うのがよいです（▶p. 60）。ただし「take を③、care を動詞の目的語、of . . . を形容詞句で care にかける、あるいは副詞句で take にかける」と捉えてもよいです。

インドでは、白い象は神聖なものとして使役に用いることができなかったので、持ち主は飼うためには大金が必要でした。

☒
☒ **90. Jane is looking at her sleeping baby.**

現在 ing (is looking) / ing (sleeping)

S (Jane) ① (is looking) ← ad (at her sleeping baby): 前 (at) a (her) a ① (sleeping) → n (baby)

読み下し　Jane is looking ジェインは見ている at her sleeping baby. 自分の眠っている赤ん坊を

和訳　ジェインは自分の眠っている赤ん坊を見ている。

sleeping は**①の現在分詞形容詞用法で、前から「後にある名詞」にかかっています。この形は「進行中」と「分類的特徴」の２つの意味があります**（▶p. 285）。ここは「進行中」の意味です。baby と sleeping の間には「意味上の主語・述語関係」があります。これに対し a sleeping car（寝台車）の car と sleeping の間には「意味上の主語・述語関係」がありません。この場合の sleeping は動名詞（眠ること）が純粋な名詞に転化したもので、「睡眠」という意味です。sleeping car で 1 つの名詞になっています（▶p. 16）。

現在　ing　原

☒☒ **91.** 〈**If you are feeling sick,**〉 **take this medicine.**

接　S　②　^{a}C　③　a　O

you
S

読み下し　If you are feeling sick, もし吐き気を感じているなら take this medicine. この薬を飲みなさい

和訳　吐き気を感じているなら、この薬を飲みなさい。

are feeling は現在形・（従属節の）述語動詞・②です。主節は命令文で、take は原形・大黒柱（＝主節の述語動詞）・③です。take の「構造上の主語」は take の前に省略されている you です（▶p. 87）。medicine は「薬、医学」という意味で、「薬の」は medicinal、「医学の」は medical と言います。

現在　ing　過去

☒☒ **92. He finds himself dreaming of a golden age** (**when man and nature were one.**)

S　⑤　O　^{a}C | ①　前　a　n　ad　S　+　S　②　^{n}C

ad

読み下し　He finds himself dreaming of a golden age 彼は自分が黄金時代について夢見ているのを知る when その時代に man and nature were one. 人間と自然は一体だった

和訳　彼は自分が、人間と自然が一体だった黄金時代について夢見ているのに気がつく。

himself は再帰代名詞です（▶No. 45, 52）。He = himself ですが、himself は動詞の目的語です。dreaming は現在分詞形容詞用法で finds の補語です。dream of a golden age は「黄金時代についてあれこれ夢想する」という意味です。when は関係副詞です（▶p. 263, 390）。この one は、何か別の名詞の代わりに使われた代名詞ではなく、「1 つ、一体」という意味の名詞です。

過去　p.p.　原　原

☒☒ **93. They were surprised to hear him confess his fault.**

S　−③　ad | ⑤　O　^{a}C | ③　a　O

読み下し　They were surprised 彼らは驚いた to hear him confess his fault. 彼が自分の過失を告白するのを聞いて

和訳　彼らは、彼が自分の過失を告白するのを聞いて驚いた。

were surprised については▶p. 132。to hear は「感情の原因」を表す不定詞副詞用法です（▶p. 218）。hear him confess については▶p. 295。 fault には「過失」のほかに「欠点」という意味もあります。本文は「欠点」の意味で読むこともできます。

現在　原

☒☒ **94. She is tall enough to reach the ceiling.**

S ② aC ad ad ③ O

読み下し She is tall enough 彼女は十分に背が高い to reach the ceiling. 手を伸ばして天井に届くのに

和訳 彼女は手を伸ばすと天井に届くほど背が高い。

to reach は「程度の基準（～するのに）」を表す不定詞副詞用法です（▶p. 218）。reach the ceiling は「頭が天井につく」ではなく「手を伸ばすと天井に届く」という意味です。

現在　原　現在

☒☒ **95. We will judge people (who we otherwise know nothing about) simply by the clothes (they wear.)**

S aux ③ O S ad ③ O a ad ad S ③

現在

読み下し We will judge people 我々は人を判断するものだ who その人 we otherwise know nothing about 我々はそのほかの点では何も知らない simply by the clothes 単に衣服によって they wear. 彼らが着ている

和訳 私たちは、ほかには何も知らない人のことを、単にその人が着ている服装によって判断するものだ。

will は「習性の will」です（▶p. 283）。**otherwise は「さもなければ、それとは違ったやり方で、その他の点では」という意味を表す副詞です。**ここでは「その他の点では（＝服装以外の点では）」という意味です。

people を We otherwise know nothing about the people.（我々は、そのほかの点では、その人々についてどんなことも知らない）という文で説明しています。説明文中の the people を関係代名詞の who に変えて、文頭に動かし who we otherwise know nothing about という形容詞節に変えて、それを people にかけています。the people は前置詞の目的語ですから、関係代名詞に変えるときは whom を使うのが筋ですが、**現在の英語では whom が英文の先頭あるいは従属節の先頭に来る場合は、whom ではなく who を使うのが普通になっています**（▶p. 83, 117, 239）。

simply by the clothes は主節内の副詞句です。simply は「ただ単に」という意味の副詞で by the clothes にかかります。**clothes という名詞は常に複数形で用いられ、単数形はありません。**では「衣類 1 点」と言いたいときは何と言うかというと、「衣服」という意味の不可算名詞である clothing を使って a piece of clothing とか an article of clothing と言います。では「衣類 2 点」は two clothes と言うかというと、これも言いません。「clothes には数詞を付けられない」というルールがあるからです。two pieces of clothing とか two articles of clothing と言います。しかし「たくさんの衣類」は many clothes とか a lot of clothes と言います。many pieces of clothing とか many articles of clothing とも言います。

the clothes を They wear the clothes.（彼らはその衣服を着ている）という文で説明するためには、説明文中の the clothes を関係代名詞の which に変えて、文頭に動かし which they wear という形容詞節に変えて、それを the clothes にかけます。すると the clothes which they wear になります。**この関係代名詞の which は「制限用法」であり、「形容詞節の先頭」にあり「内側で動詞の目的語」になっていて、「関係代名詞が省略される条件」（▶p. 250）を満たしています。そこで本文では which が省略されて the clothes they wear になっています。** clothes は外側（＝主節内）の語で、wear は内側（＝形容詞節内）の語ですから、内外断絶の原則（▶p. 188）によって、clothes と wear は構造上は全く関係がありません（wear の目的語は、clothes と they の間に省略されている関係代名詞の which です）。

現在　　　　　　　　現在　　ing
☒ **96. I never cross her 〈when she is not feeling well.〉**
☒ S　ad　③　O　接　S　ad　②　^{a}C

読み下し　I never cross her 私は決して彼女に逆らわない when she is not feeling well. 彼女が気分が良く感じていないとき

和訳　彼女の気分が良くないときは、私は決して彼女に逆らわない。

when については▶p. 390。well は副詞でよく使いますが（▶p. 68）、本文の well は「健康な、元気な」という意味の形容詞です。e.g. You don't look well.（具合がよくないようだね）本文の feel は②の使い方で「feel ^{a}C」で「^{a}C のように感じる」という意味です（▶p. 24, 43, 68）。is feeling は現在形・述語動詞・②です。

p.p.　　　　現在　p.p.　現在　p.p.
☒ **97. China (in whose manufacture the ashes of burnt bones are used) is called**
☒ S　前　a　n　S　前　a　−③　n　−③　−⑤
ad　a

bone china.
^{n}C

読み下し　China 磁器は in whose manufacture その磁器の製造において the ashes of burnt bones are used 焼かれた骨の灰が使われる is called bone china. ボーンチャイナと呼ばれる

和訳　焼成した骨灰を使って作られる磁器はボーンチャイナと呼ばれる。

「関係詞は和訳せず、形容詞節内の主語には『が』を付けて訳し、それを先行詞につなぐ」というのが基本の訳し方です（▶p. 247）。その訳し方で China in whose manufacture the ashes of burnt bones are used を訳すと、「製造において、焼かれた骨の灰が使われる磁器」となります。これで何も問題ありません。in を、ただ「おいて」ではなく、「過程において」として「製造過程において、焼かれた骨の灰が使われる磁器」とすれば一段とわかりやすくなります。この和訳で十分ですが、上の和訳はあえて構造を変えて意訳しています。関係形容詞（関係代名詞の所有格とも言う）whose については p. 270 参照。

現在　p.p.　原　現在

☒ **98. Naturally you are expected to be interested in the job (which has**
☒

文ad　S　－⑤　aC │②　aC　ad　S　aux

p.p.　p.p.

been offered you.)

－④　O

読み下し　Naturally 当然 you are expected あなたは期待される to be interested in the job 仕事に興味を持つのを which その仕事は has been offered you. あなたに提供された

和訳　提供された仕事に興味を持つのをあなたが期待されるのは当然のことです。

このNaturally は No. 64 で説明した（1）「S + V に対する話者の評価・見方・感想」を表す文修飾副詞です。Naturally S + V = It is natural that S + V.（S + V は当然だ）です。

expect 人 to V（人が V するのを期待する、予想する）は「⑤ O aC」です（▶p. 293）。which の中身（＝先行詞）は the job ですから、which ≠ you です。したがって you は動詞の目的語で、been offered は－④に決まります。you は④の間接目的語が残っているものです（▶p. 126）。been offered は過去分詞形・述語動詞・－④です。been p.p. は「受身の動詞の過去分詞形」ですが、この過去分詞形（＝been p.p.）は「過去分詞の 4 つの可能性」の中の完了でしか使いません（▶p. 162, No. 85）。つまり been p.p. には必ず have 助動詞が付くのです。なお、been offered を－③で使って、been offered to you と言うこともよくあります。

現在　ing　原

☒ **99. John is being easy to please.**
☒

S　②　aC　ad │③

読み下し　John is being easy ジョンは簡単にしている to please. 喜ばせるのを

和訳　ジョンは機嫌を取りやすいようにわざと振る舞っている。

「『S be 形容詞 to V』という表現で、形容詞に easy, difficult, hard, impossible, dangerous などが入ったときは、to V は『能動形の不定詞』で、『目的語（＝動詞の目的語か前置詞の目的語）が足りない不完全な不定詞』で、S が『意味上の目的語』にならなければいけない」というルールがあります（▶p. 221）。そこで John is easy to please. を「ジョンは喜ぶ点で簡単だ⇒ジョンは簡単に喜ぶ、すぐに喜ぶ」と読むことはできません（この読み方は please を「喜ぶ」という意味の①の動詞にしているからです）。この please は「喜ばせる」という意味の③の動詞で、please の目的語は欠落していて（省略されているのではありません。元々書いてないのです）、John が「意味上の目的語」になっています。「ジョンは、ジョンを喜ばせる点で簡単だという性質を持っている→ジョンは喜ばせるのが簡単だ⇒ジョンは機嫌を取りやすい＝ジョンは気難しくない」という意味です。

この英文を進行形にするときは、is を「ing 形（＝being）」に変え、それに「進行形を作る be 助動詞の現在形である is」を付けます。すると John is being easy to please. となります。be 動詞の進行形は、進行形が持ついろいろな意味の中で「一時的状態」を表します（▶p. 113, 120, No. 82）。「ジョンは今、一時的に機嫌を取りやすい状態である」という意味です。これには2つの可能性があります。無意志の場合（＝ジョンは今、一時的に機嫌を取りやすい状態になっている）と、有意志の場合（＝ジョンは今、一時的に機嫌を取りやすい状態にしている⇒ジョンは機嫌を取りやすいようにわざと振る舞っている）です。be 動詞の進行形は、どちらも表すのではなく、有意志の場合だけを表します。無意志の場合は John is easy to please today.（ジョンは今日は機嫌を取りやすい状態だ⇒ジョンは今日は気難しくない）とか John is easy to please now.（ジョンは、昔は気難しかったが、今は機嫌を取りやすい状態だ⇒ジョンは今は気難しくない）のように言います。

現在　原　過去

☒☒ **100. I don't remember the man (with whom I visited Greece.)**

S aux ad ③ O ad S ③ O

読み下し　I don't remember the man 私は男を覚えていない with whom その男と一緒に I visited Greece. 私はギリシャを訪れた

和訳　私は一緒にギリシャに行った男のことを覚えていない。

「私は一緒にギリシャに行った男を覚えていない」という日本語を考えてみましょう。この日本語には2つの可能性があります。一つは「私はだれかと一緒にギリシャに行ったことは覚えているのだが、それがだれだったか、山田だったのか、田中だったのか、はたまた佐藤だったのか覚えていない」という可能性です。要するに「一緒にギリシャに行った人の名前」を言えないのです。もう一つの可能性は「一緒にギリシャに行った男がだれだったかはわかっている。当時の手帳に名前が書いてあって、それは佐藤という人だ。ところが、この佐藤という人がどういう人だったのか、会社の人だったか、それとも取引先の人だったか、なにぶんにも50年も前のことで思い出せない」という可能性です。要するに「一緒にギリシャに行った人の名前はわかっているのだが、それがどういう関係の人だったか」を言えないのです。英語では、前者は I don't remember with whom I visited Greece. と言います。この英文の whom は疑問代名詞で、with whom I visited Greece は間接疑問文（＝疑問詞が作る名詞節）で remember の目的語です（▶p. 328）。「私はだれと一緒にギリシャに行ったか覚えていない」という意味です。それに対し、後者は I don't remember the man with whom I visited Greece. と言います。この英文の whom は関係代名詞で、with whom I visited Greece は形容詞節で the man を修飾しています（▶p. 243, 393）。「私は一緒にギリシャに行った男のことを覚えていない」という意味です。

現在　　　　　現在　原

☒ **101. The stone is so heavy ⟨that I cannot lift it.⟩**

☒ S ② ad ^{a}C 接 S aux ad ③ O

読み下し The stone is so heavy その石はそれほど重い that I cannot lift it. 私が持ち上げられないほど

和訳 その石は非常に重いので私には持ち上げられない。

so . . . that については▶p. 193。cannot の not を lift にかけていることについては▶中学 21。

現在　原

☒ **102. This photo makes her look older.**

☒ a S ⑤ O ^{a}C | ② ^{a}C

（この写真だと、彼女は実際の年齢より上に見える。）

look は原形不定詞の形容詞用法で、makes の補語です（▶p. 295）。「⑤の基本的意味」と「O と C の間にある意味上の主語・述語関係」の次元で、この英文の意味を捉えると「この写真は、彼女がより年齢が上であるように見える状態を生み出す」となります。この英文は無生物主語構文です（▶No. 39, 48, 57, 61）。そこで構造を変えて訳すと上の和訳のようになります。

ing　原　過去　p.p.　原

☒ **103. There being nothing to do, he was allowed to go home.**

☒ 誘導ad 文ad | ① S′ a | ③ S −⑤ ^{a}C | ① ad

読み下し There being nothing to do, どんなすることもない he was allowed to go home. 彼は家に帰るのを許された

和訳 することがないので、彼は帰宅を許された。

There being nothing to do は「意味上の主語が付いた分詞構文（＝独立分詞構文）」です（▶p. 229）。表している意味は「理由」です。『黄リー教』では独立分詞構文の「前の働き」は一律に文修飾にしています（▶p. 214）。

nothing については▶p. 78, 304。nothing to do（▶p. 292 のタイプ 2）の nothing は、being の「意味上の主語」であると同時に to do の「意味上の目的語」です。

to go については▶p. 293。go home の home は副詞です。he was allowed to go home を「−⑤の基本的意味」と「S と C の間にある意味上の主語・述語関係」で捉えると、「彼が家に帰る状態が生み出された→彼は帰宅を許された」となります（▶p. 58, p. 305）。

過去　過去　原

☒ **104. ⟨Though I was a mediator,⟩ I could no longer react as mediator.**

☒ 接 S ② ^{n}C S aux ad ① ad

読み下し Though I was a mediator, 私は調停者だったが I could no longer react as mediator. もはや調停者として対応することはできなかった

和訳 私は調停者だったが、もはや調停者として対応することはできなかった。

Thoughは「～だけれども」という意味の従属接続詞です。no longerは「もはや～でない」という否定の意味の1つの副詞として扱います。**前置詞asの目的語が官職・役目・資格などを表す名詞のときは無冠詞にします。** mediatorを繰り返さずにas such（そういうものとして）と言うこともできます。no longerは厳密にはcould reactにかかっています。

過去　　　　　　　　　　過去　p.p.　p.p.

☒ **105. He was dedicated to the task (he had been set.)**

☒ S　②　aC　ad　S　aux　−④

読み下し He was dedicated to the task 彼はその課題に打ち込んでいた he had been set. 彼が割り当てられた

和訳 彼は自分に割り当てられた課題に打ち込んでいた。

dedicateは「（生活、人生、精力などを）ささげる」という意味の③の動詞です。ですからHe was dedicated to . . . は「彼（の精力）は . . . にささげられた→彼は . . . に打ち込んだ」という意味の受身の文で、was dedicatedは−③と捉えることができます。これでもよいのですが、dedicatedは辞書では「打ち込んでいる、熱心な」という意味の形容詞として挙げられています。そこでwasを②、dedicatedを形容詞で補語にしてもよいです。

the taskをHe had been set the task.（彼はその課題を割り当てられていた）という文で説明するためには、説明文中のthe taskを関係代名詞のwhichに変えて、文頭に動かしwhich he had been setという形容詞節を作り、それをthe taskにかけます。するとthe task which he had been setになります。この関係代名詞のwhichは「制限用法」（▶p. 249）であり、「形容詞節の先頭」にあり「内側で動詞の目的語」になっていて「関係代名詞が省略される条件」（▶p. 250）を満たしています。そこで本文ではwhichが省略されてthe task he had been setになっています。taskは外側（＝主節内）の語で、been setは内側（＝形容詞節内）の語ですから、内外断絶の原則（▶p. 188）によって、taskとbeen setは構造上は全く関係がありません（been setの目的語はtaskとheの間に省略されている関係代名詞のwhichです）。

「set 人 仕事・課題」は「人に仕事・課題を割り当てる」という意味の第4動詞型です。このsetの基本的意味は「与える」です。これを「間接目的語（＝人）を主語にした受身」に変えると「人 is set 仕事・課題」（人が仕事・課題を割り当てられる）となります。is setは−④です。これを過去完了形にしたのが本文のhe had been setです。

本文の過去完了は普通用法で、表面的意味は「結果」です（▶p. 156, 168）。彼が課題に打ち込んでいたときが「過去の一時点（← wasという過去形で表されている）」で、had been setは字面上は「過去の一時点」より前に起こったこと（＝その課題を割り当てられた）を表しています。しかし、本質的意味（▶p. 153）は、「過去の一時点」における状態（＝以前に割り当

てられた結果、彼はその課題を果たさなければならない）です。

☒☒ **106. A poor woodman sat《過去》 in his cottage one night, smoking《ing》 his pipe by the fireplace.**

a S ① 前 a n 副詞的目的格 ad | ③ a O ad
ad

読み下し A poor woodman 貧しいきこりが sat in his cottage one night, ある晩小屋の中で座っていた smoking his pipe パイプをくゆらせながら by the fireplace. 暖炉のそばで

和訳 貧しいきこりがある晩小屋の中に腰かけて、暖炉のそばでパイプをくゆらせていた。

one night については▶p. 91。smoking は付帯状況を表す分詞構文です（▶p. 208）。by は「～のそばに」という位置関係を表す前置詞です。

☒☒ **107. Women may《現在》 want《原》 loyal and gentle mates to help《原》 them raise《原》 their children.**

S aux ⑤ a + a O ^{a}C | ⑤ O ^{a}C | ③ a O

読み下し Women may want 女性は望むかもしれない loyal and gentle mates to help 誠実で優しい伴侶が助けるのを them raise their children. 彼女たちが子供を育てるのを

和訳 女性は誠実で優しい伴侶に子育てを手伝ってもらいたいと思うかもしれない。

「want 人 to V（人が V するのを望む）」は「⑤ O ^{a}C」です。「help 人 原形V（人が V するのを助ける）」は「⑤ O ^{a}C」です。「help 人 to V」と言うこともあります（▶p. 384）。この英文の「構造上の主語・述語関係」は women . . . want にあり、日本語で言うと「女性は望む」です。この英文の「意味上の主語・述語関係」は loyal and gentle mates to help と them raise にあり、日本語で言うと「誠実で優しい伴侶が助ける」「彼女たちが育てる」です。

☒☒ **108. There will《現在》 be《原》 no charge for the work (we have《現在》 done《p.p.》 to your car.)**

誘導ad aux ① a S a S aux ③ 前 a n
ad

読み下し There will be no charge どんな料金もないでしょう for the work we have done 私たちがした仕事に対する to your car. あなたの車に対して

和訳 お車に対して行なった作業の料金は発生しません。

no については▶p. 77。work と we の間に、done の目的語になる関係代名詞の which が省略されています（▶p. 250）。

☒ **109. Attempts are now being made to use the sun as a source of heat and power.**
☒

読み下し Attempts are now being made 試みが今なされつつある to use the sun as a source 太陽を源として使う of heat and power. 熱と力の

和訳 太陽を熱と力の源として使う試みが今なされつつある。

are being made は受身進行形です（▶p. 134, No. 85）。are being made はこれ全体が「現在形・述語動詞・－③」です。to use は不定詞形容詞用法で Attempts にかかります（▶p. 292 のタイプ 3）。

☒ **110. The famous Japanese politeness does not apply in situations (where all are strangers to one another.)**
☒

読み下し The famous Japanese politeness 有名な日本人の礼儀正しさは does not apply in situations 状況では当てはまらない where その状況で all are strangers to one another. 全員がお互いに知らない者同士である

和訳 有名な日本人の礼儀正しさは、全員がお互いに知らぬ者同士である状況下では適用されない。

where については▶p. 264, 391。**one another（お互い）は、副詞ではなく、名詞です。** to one another は「副詞句で are にかかる」としてもかまいません。

☒ **111. At one time there used to be houses ⟨where that large factory stands.⟩**
☒

読み下し At one time かつて there used to be houses 家々があった where that large factory stands. あの大きな工場が建っているところに

和訳 かつては、あの大きい工場が建っているところに家屋が建ち並んでいた。

at one time は「一度に、同時に」と「かつて」という意味があります。ここは後者の意味です。**「used to 状態動詞」は「昔は〜の状態だった（今は違うが）」という意味です**（▶p. 104）。この where は従属接続詞です（▶p. 391）。At one time in Japan, there used to be houses where silk worms were raised. だと、where は関係副詞で、where silk worms were raised は形容詞節で houses にかかります。「かつて日本には蚕を飼う家があった」という意味です。house という語は、doghouse（犬小屋）のような例外はありますが、通常は「人が居住する建物」を指します。したがって houses where silk worms were raised は「蚕を飼うための専用の建物」ではなく、人が住んで生活していて、その中の 1 室を蚕を飼うために使っているような家を指しています。

現在　　　　　　　　　　　現在

☒ ☒ **112. Is this the house (that he lives in)?**

② S ^{n}C S ① ad

読み下し Is this the house これが家ですか that その家 he lives in? 彼が住んでいる

和訳 これが、彼が住んでいる家ですか？

that は関係代名詞で、内側では in の目的語です。関係代名詞の that は常に形容詞節の先頭に来ます。ですから in that he lives という形容詞節は間違いです。こうしたければ in which he lives にしなければなりません。また、関係代名詞の that は常に制限用法で使います。ですから関係代名詞の that の前にコンマを置くことはしません（←これらのことは『黄リー教』には言及がありません）。関係代名詞を省略して the house he lives in にすることもできます（▶ p. 250）。

現在 p.p. p.p. 原

☒ ☒ **113. We have been told not even to contact IOC members.**

S aux −⑤ ad ad ^{a}C ③ O

読み下し We have been told 私たちは言われている not even to contact IOC members. IOC のメンバーには接触すらしないように

和訳 私たちは IOC のメンバーには接触すらしないようにと言われている。

「tell 人 to V」は「人に V するように言う、命じる」という意味の第 5 動詞型です。even は to contact にかかり「接触することさえ」という意味です。not は even to contact にかかり「接触することさえしない」という意味です（even not to contact だと「接触しないことさえ」という意味になります）。IOC は The International Olympic Committee（国際オリンピック委員会）です。

現在 p.p.

☒ ☒ **114. Broccoli tastes good ⟨when cooked in butter.⟩**

S ② ^{a}C 接 −③ ad

it is

S

読み下し Broccoli tastes good ブロッコリーはよい味がする when cooked in butter. バターで調理されるとき

和訳 ブロッコリーはバターで炒めると美味しい。

goodは「味がよい」という意味の形容詞で、tastes（～な味がする）という動詞の助けを借りて、間接的にbroccoliの状態（この英文では「状態」というよりも「性質」）を説明しています（▶p. 53）。taste well（←① ad）とは言いません。tastesのsは「三単現のs」です（▶p. 32）。when cookedは「副詞節の定型的な省略形」（▶p. 193）で、whenとcookedの間にはit isが省略されています。

現在

☒☒ **115. Women are not the second sex, but just a separate one.**

S ② a ^{n}C + ad a ^{n}C

読み下し Women are not the second sex, 女性は劣った性ではない but just a separate one. そうではなくて、ただ別の性である

和訳 女性は劣った性ではなくて、ただ別個の性であるというだけだ。

このsecondは「第二の→二流の、劣った」という意味です。このbutは等位接続詞ですが、「しかし」という意味ではなく「そうではなくて」という意味を表しています。この意味のbutを「not A but B（Aではない。そうではなくてB→AではなくてB）」という形で使ったとき、**AとBの「働き」が同じ場合は、notとbutを合わせて1つの等位接続詞として扱います**（▶p. 232, 360）。justは「名詞を修飾できる副詞」でa separate oneにかかっています。oneはsexの代わりをする代名詞です。

過去

☒☒ **116. On the second day, we saw through our binoculars a line of women**

前 a n S ⑤ 前 a n a O

ad ad

ing ing

leaving the village, each carrying a bundle.

^{a}C | ③ O S′ 文ad | ③ O

読み下し On the second day, 2日目に we saw through our binoculars 我々は双眼鏡で見た a line of women leaving the village, 一列になった女性が村を出て行くのを each carrying a bundle. 各々が包みを持ちながら

和訳 2日目に我々は女性が一列になって村を出て行くのを双眼鏡で見た。彼女たちは各々包みを手に持っていた。

binoculars（双眼鏡）は普通、複数形で使います。「1個の双眼鏡」と言いたいときはa pair of binocularsと言います。a line of womenはof womenをa lineにかけて「女性の一列」と読むこともあり、a line ofをwomenにかけて「一列の女性」と読むこともあります。この文ではeach carrying a bundleと言っていて、womenの一人一人に注目しているので、後者の読

み方をします。each は代名詞で「分詞構文の意味上の主語」です（▶p. 213）。carrying は「付帯状況」を表す分詞構文です。『黄リー教』では独立分詞構文（=「意味上の主語」が付いた分詞構文）の「前の働き」は一律に「文修飾」にしています（▶p. 214, No. 103）。

過去　過去　p.p.

☒☒ **117. 〈By the time the policeman arrived,〉 the criminal had escaped.**

接　S　①　S　aux　①

読み下し By the time the policeman arrived, 警官が到着したときまでに the criminal had escaped. 犯人は逃走していた

和訳 警官が到着するまでに、犯人は逃走していた。

By the time については▶p. 196。had escaped は「過去完了の普通用法（表している意味は結果）」です（▶p. 156, 168, No. 105）。had escaped は、字面上は「警官が到着する前のこと」を言っていますが、イイタイコトは「警官が到着した時点での状態（＝犯人は現場にいなかった）」です。

過去　過去　原

☒☒ **118. I came across a word (the meaning of which I didn't know.)**

S　③　O　O　a　S　aux　ad　③

読み下し I came across a word 私は単語に出会った the meaning of which その単語の意味 I didn't know. 私は知らなかった

和訳 私は、意味がわからない単語に出会った。

come across は本来は「① 前置詞」ですが、「〜を偶然見つける、〜に偶然出会う」という意味の「③の群動詞」として扱うのが妥当です。関係代名詞の which が作る形容詞節は the meaning から know までです（▶p. 245）。内側で the meaning は know の目的語です。形容詞節を普通の文にすると I didn't know the meaning of the word.（私はその単語の意味を知らなかった）となります。和訳するときは of which を訳さず、主語の I に「が」を付けて、訳し上げます（▶p. 247）。「意味を私が知らなかった単語」となります。これを主節につなげると「私は、意味を私が知らなかった単語に出会った」となります。「私」を 2 回訳すのは redundant ですから、2 番目の「私」は「自分」と訳すか、または訳しません。didn't know は came across と同時なのですが、「知らなかった」と過去形で訳すと、時間差があって「以前に意味を知らなかった単語に、今度出会った」と言っているように聞こえます。同時であることを示すためには、日本語では「知らない」と現在形で訳す必要があります。すると「私は、意味を知らない単語に出会った」となります。

過去　p.p.　原

☒☒ **119. He was called to account for his ridiculous behavior.**

S　−⑤　ªC　①　前　a　a　n

ad

読み下し He was called to account for 彼は説明するように求められた his ridiculous behavior. 彼のばかばかしい振る舞いを

和訳 彼は、ばかばかしい振る舞いをしたわけを説明するように求められた。

「call 人 to V」は「人に V するように求める」という意味で「⑤ O ^{a}C」です。account for . . . は「. . . を説明する」という意味の idiom です。「① 前置詞」と考えてもいいし、「③の群動詞」と捉えてもよいです。

原　過去　p.p.
☒ **120. Teach sign language 〈the way you were taught it.〉**
☒ You　③　O　接　S　−④　O

読み下し Teach sign language 手話を教えなさい the way you were taught it. あなたがそれを教えられたように

和訳 自分が教えられたように手話を教えなさい。

the way は従属接続詞（＝転用接続詞）で、従属接続詞の as あるいは how と同じ意味を表します。この英文は the way の代わりに as あるいは how を使うことができます（▶p. 404）。the way you were taught it は「あなたがそれを教えられたように」という意味の副詞節です。これは 2 つの異なる事柄を表せます。一つは「手話を教える方法」が同じ場合です。たとえば you は手話を教わるときに「先生が you の背後にまわり、you の右手に先生の右手を添え、you の左手に先生の左手を添えて、一緒に動かす」というやり方で教えてもらったのかもしれません。「その『だれかが手話を教えてくれたときの教え方』で（今度はあなたが）手話を教えなさい」というのがこの英文の意味です。もう一つは「手話のやり方」が同じ場合です。手話のやり方は世界共通ではありません。国や地域によって違いがあります。たとえば「こんにちは。私は○○です」と言いたいときの手話も、日本手話とアメリカ手話で違います。そこで you がアメリカ手話を教えられたとしたら、「その『だれかが手話を教えてくれたときの手話のやり方（＝アメリカ手話）』で（今度はあなたが）手話のやり方を教えなさい」というのがこの英文の意味です。このどちらになるかは前後の文脈によって決まります。

過去　p.p.　原
☒ **121. We were asked not to go near the entrance of the house.**
☒ S　−⑤　ad　^{a}C ①　ad　a

読み下し We were asked not to go 私たちは行かないように求められた near the entrance of the house. その家の玄関の近くに

和訳 私たちはその家の玄関に近づかないように求められた。

「ask 人 to V」は「人に V するように求める」という意味で「⑤ O ^{a}C」です。to 不定詞を否定する not は to の前に置きます（▶p. 222, No. 113）。この英文を「−⑤の基本的意味」と「S と C の間にある意味上の主語・述語関係」の次元で捉えると、「私たちがその家の玄関の近くに行かない状態が生み出された」となります。

過去　過去
☒ **122. He looked with pleasure at the gift (which was before him.)**
☒ S ① ad ad S ① ad

読み下し He looked with pleasure at the gift 彼は喜んで贈り物を見た which その贈り物 was before him. 彼の前にあった

和訳 彼は自分の前にある贈り物を喜んで見た。

look at を「③の群動詞」にする人がいて、それはそれでかまいませんが、この英文のようにlook と at の間にほかの要素が入る場合には、look は①と捉えたほうがよいです。was を「あった」ではなく「ある」と現在形で訳し、him を「彼」ではなく「自分」と訳すことについては No. 118 を参照。

過去　過去　原
☒ **123. 〈If I had a car,〉 I could take you home.**
☒ 接 S ③ O S aux ③ O ad

読み下し If I had a car, もし私が車を持っていれば I could take you home. あなたを家に送れるのだが

和訳 もし私が車を持っていれば、あなたを家に送ってあげられるのに。

この英文の動詞・助動詞の使い方は仮定法過去です。p. 226 は「未来のこと」について使われた仮定法過去です。本文は**「現在のこと」について仮定法過去が使われていて「現在の事実に反する仮定と、その帰結」を表しています**。「(現在私は車を持っていないので、あなたを家に送れないが) もし車を持っていれば、あなたを家に送れるだろうに」という意味です。

現在　ing
☒ **124. He still regards me as being a fool.**
☒ S ad ⑤ O Cの印 ^{a}C | ② ^{n}C

読み下し He still regards me 彼はまだ私を見なしている as being a fool. 愚か者であると

和訳 彼は依然として私を愚か者であると見なしている。

as については▶p. 60。being は動名詞ではなく、現在分詞形容詞用法で「前の働きは補語、後の働きは②」です (▶p. 287)。a fool は being の補語です。

現在　ing　過去　p.p.
☒ **125. The photographs (at which you are looking) were taken by my father.**
☒ S ad S ① −③ 前 a n ad

読み下し The photographs 写真は at which それらの写真を you are looking あなたが見ている were taken by my father. 私の父によって撮られた

和訳 あなたが見ている写真は父が撮ったものです。

the photographs を You are looking at the photographs. という文で説明するために、説明文中の the photographs を関係代名詞の which に変え、at which（= at the photographs）を先頭に動かして at which you are looking という形容詞節に変えています（▶p. 243）。

原　原　現在 p.p.

☒☒ **126. Let me borrow all the horses (that are left.)**

⑤ O ªC | ③ a O S −③

You
S

読み下し Let me borrow all the horses 私がすべての馬を借りるのを許しなさい that それらの馬 are left. 残されている

和訳 残りの馬を全部私に貸してください。

これは命令文で、Let の前に主語の You が省略されていて、Let は原形・大黒柱（=主節の述語動詞）・⑤です。Let の意味は「let 名詞 原形」の 1. の意味です（▶p. 300）。all については▶p. 94、that については▶p. 241、are left については▶p. 125。

過去　過去

☒☒ **127. 〈As soon as the schoolmaster appeared,〉 the pupils became still.**

接 S ① S ② ªC

読み下し As soon as the schoolmaster appeared, 校長先生が姿を現すやいなや the pupils became still. 生徒たちは静かになった

和訳 校長先生が現れるやいなや、生徒たちは静かになった。

as soon as はこの 3 語で 1 つの従属接続詞です（転用接続詞▶p. 196）。**「as soon as S＋V」で「S が V するやいなや」という意味を表す副詞節になります。** still は、副詞だと「まだ、依然として」という意味ですが、形容詞だと「静かな、静止した」という意味です。pupil はここでは「生徒」という意味ですが、ほかに「瞳、瞳孔」という意味もあります。

現在　現在　原

☒☒ **128. Librarians or your friends (who lend you books) expect you to keep them clean.**

S + a S S ④ O O ⑤ O ªC | ⑤

O ªC

読み下し Librarians or your friends 司書やあなたの友人は who その人たちは lend you books あなたに本を貸す expect you to keep them clean. あなたがそれらをきれいに保つのを期待する

和訳 本を貸してくれる図書館員や友人は、あなたが本を汚さないように期待している。

「expect 人 to V」は「人がVするのを期待する」という意味の「⑤ O ^{a}C」です(▶p. 293)。

過去　　過去

☒ **129. He kindled a torch (by the light of which he followed the path.)**
☒ S ③ O ad a S ③ O

読み下し He kindled a torch 彼は松明に火をつけた by the light of which その松明の明かりによって he followed the path. 彼はその小道をたどった

和訳 彼は、明かりをたよりに小道をたどるために、松明をともした。

決まり通りに、「前置詞+関係代名詞」を訳さず、形容詞節内の主語に「が」を付けて訳すと、「彼は、明かりによって彼がその小道をたどった松明をともした」となります。しかし、He と he は同一人物ですから、he は訳出しないか、あるいは「自分」と訳します。また、followed を過去形で訳すと kindled よりも以前のことのように聞こえる(「以前にその小道をたどるときに使った松明を再使用するためにともした」と言っているように聞こえる)ので、kindled と同時ないしその後のことであることをはっきりさせるために followed は現在形で訳します(▶No. 118, 122)。すると「彼は、明かりによってその小道をたどる松明をともした」となります。これでもいいですが「彼は、明かりをたよりにその小道をたどるために、松明をともした」のように少し変えると、わかりやすい日本語になります。この which は制限用法の関係代名詞です。この英文は書き換えると He kindled a torch in order to follow the path by its light. となります。

もし by の前にコンマを置いて(= which を非制限用法で使って) He kindled a torch, by the light of which he followed the path. にすると、「彼は松明をともすと、その明かりをたよりに小道をたどった」という意味になります。この英文は書き換えると He kindled a torch, and then by its light he followed the path. となります。

現在　原　原

☒ **130. I won't have a moment to call my own this week.**
☒ S aux ad ③ O a ⑤ a ^{n}C 副詞的目的格

読み下し I won't have a moment 私は瞬間を持たないだろう to call my own 私自身のものと呼ぶ this week. 今週は

和訳 今週は自由になる時間がまったくないだろう。

won't は will not の短縮形です(▶p. 431)。 a moment to call my own は p. 292 のタイプ2です。to call a moment my own (ある瞬間を私自身のものと呼ぶ) が下敷きになっています。own は形容詞のときは名詞修飾だけで使い、補語にはなれません。ここの own は「自身のもの」という意味の名詞(より正確に言えば代名詞)です。

この英文は否定文ですから I won't have a moment to call my own は「自分自身のものと呼ぶ瞬間ですら私は持たないだろう⇒私は自分自身のものと呼べる時間はまったくないだろう」

という意味です。「自分自身のものと呼ぶ瞬間」という日本語は2つの事柄を表します。「何かを『これは私のものだ』と呼ぶ瞬間」と「『この瞬間は誰のものでもない、私が自由に使える私のものだ』と言えるような瞬間」です。英語は明瞭で、a moment to call something my own なら前者に決まり、a moment to call my own なら後者に決まります。

ing 現在 現在 原

☒ **131. The weather being ⟨as it is,⟩ I will come home.**

☒ S′ 文ad ① 接 S ① S aux ① ad

読み下し The weather being as it is, 天気がこのようなので I will come home. 私は帰宅します

和訳 天気がこうなので、私は家に帰ります。

The weather is as it is. は「天気は、それ（＝天気）が今存在しているように存在している→天気は現状である」という意味です（ただし、この英文を発話するときは悪天候で「天気がこうじゃねえ（仕方ないよ）」というニュアンスです）。これを独立分詞構文（＝意味上の主語が付いた分詞構文）にしたのが The weather being as it is です。I will come home. は、電話かメールかで、今家にいる人に向かって言っているのです。今この場にいる人に向かって言うときは I will go home. と言います。

現在 原 原 原

☒ **132. I don’t like to have them stare at me.**

☒ S aux ad ③ O ⑤ O ªC ① ad

読み下し I don’t like 私は好まない to have them stare at me. 彼らに私をじろじろ見られることを

和訳 私は彼らにじろじろ見られるのが好きでない。

have them stare at me については▶p. 297, 428, 430, 431。

現在 現在 p.p.

☒ **133. Many of the words (we use casually in our daily life) are borrowed**

☒ S a S ③ ad 前 a a n −③

ad

from English.

ad

読み下し Many of the words 言葉の多くは we use casually 私たちが気軽に使う in our daily life 日常生活で are borrowed from English. 英語から借りられている

和訳 私たちが日常生活で気軽に使う言葉の多くは、英語から借りたものである。

Many of the words は「多くの言葉」ではなく「言葉の多く」です。「多くの言葉」は many words です。words と we の間に関係代名詞の which が省略されています（▶p. 250）。

現在　ing　ing　現在

☒ **134. Language is constantly changing and evolving, 〈as are all human things.〉**

S　ad　①　+　①　接　a　a　S

constantly changing and evolving

ad　①　+　①

読み下し　Language is constantly changing and evolving, 言葉は常に変化して進化している as are all human things. 人間に関わるあらゆることと同様に

和訳　言葉は、人間に関わるあらゆることと同様に、常に変化し、進化している。

as は「様態」を表す従属接続詞で、as . . . things は副詞節です。この副詞節は as all human things are constantly changing and evolving から constantly changing and evolving が省略され（繰り返しを避けるための省略）、are が主語の前に出て倒置しています。このように、**as が作る従属節の中で省略が起こり as S be が残ったとき、S が長いと、しばしば as be S という倒置が起こります。**

現在　原　現在

☒ **135. Habit causes us to react automatically to the things (which surround us.)**

S　⑤　O　^{a}C｜①　ad　ad　S　③　O

読み下し　Habit causes 習慣は引き起こす us to react automatically to the things 我々が事に自動的に反応する状態を which その事は surround us. 我々を取り囲む

和訳　習慣によって、我々は周囲の事柄に無意識に反応する。

Habit は「くせ、習慣」です。「cause 名詞 to V」は「名詞が V する状態を引き起こす」という意味の「⑤ O ^{a}C」です。automatically（自動的に）はここでは「無意識に」という意味です。この英文は無生物主語構文です（▶No. 39, 48, 57, 61, 102）。そこで構造を変えて訳すと上の和訳のようになります。

過去　原　p.p.

☒ **136. Much of the solid pollutants merely fell to the ground to be taken into the soil.**

S　前　a　n　ad　①　ad　ad｜−③　ad

a　結果の不定詞

読み下し　Much of the solid pollutants 固体の汚染物質の多くは merely fell to the ground ただ地面に落ちて to be taken into the soil. 土壌に吸収された

和訳　固体の汚染物質の多くはただ地面に落ちて土壌に吸収されるだけだった。

much of . . . や many of . . . を「多くの . . .」と訳す人がたくさんいます。「. . . の多く」が正しい読み方、訳し方です（▶No. 133）。to be taken は不定詞副詞用法で「結果」の意味を表しています（▶p. 218）。e.g. He worked hard, only to fail.（彼は懸命に働いたが、失敗しただけだった）これは「結果の不定詞」と呼ばれています。**「結果の不定詞」は通常の「修飾」の概念にはなじまないので、「前の働き」は「結果の不定詞」と書いておけばよいです。**

☒ ☒ **137. The spear (with which he used to defend himself) had been used by his father before him.**

過去 原 過去 p.p. p.p.
S ad S aux ③ O aux −③
前 a n ad
ad

読み下し The spear 槍は with which その槍で he used to defend himself 彼はよく自分を守ったものだった had been used 使われた by his father before him. 彼の父親によって彼の前に

和訳 彼は昔よく槍で自分を守ったものだったが、その槍は彼の前に父親が使っていたものだった。

with から himself までが形容詞節です。節の内側で with which は副詞句ですから、he used to defend himself は完全な文（▶p. 186）でなければなりません。このことから used to が助動詞（▶p. 96）で、defend が③、himself が動詞の目的語に決まります。himself については▶No. 45, 52, 92。「父親によって使われていた」のは「彼がよく槍で自分を守ったものだった」ときよりも前です。「よく（槍で自分を）守ったものだった」が used to defend という単純な過去形（▶p. 154）で表されているので、それよりも時間的に前であることを表すために過去完了の大過去用法（▶p. 171）を使って had been used となっています。

☒ ☒ **138. The spear (which he used to defend himself) hung on the wall behind his throne.**

過去 原 過去
S O S ③ ad | ③ O ① ad
a

読み下し The spear 槍は which その槍 he used to defend himself 彼は自分を守るために使った hung on the wall 壁にかかっていた behind his throne. 彼の玉座の背後の

和訳 彼が自分を守るために使った槍が、彼の玉座の背後の壁にかかっていた。

which から himself までが形容詞節です。節の内側で which は主語・動詞の目的語・前置詞の目的語・補語のどれかです。したがって he used to defend himself は不完全な文（＝主語・動詞の目的語・前置詞の目的語・補語のどれかが足りない文）でなければなりません。このことから used が過去形・述語動詞・③で、to defend が不定詞副詞用法で「前の品詞が副詞、前の働きが動詞修飾（＝ used にかかる）、後の品詞が動詞、後の働きが③」で、himself が動詞

（= to defend）の目的語に決まります。used to defend himself は「自分自身を守るために使った」という意味になります。

「自分自身を守るために使った」のは「玉座の背後の壁にかかっていたとき」より前です。「（玉座の背後の壁に）かかっていた」が hung という単純な過去形（▶p. 154）で表されているので、それよりも時間的に前であることを表すために過去完了の大過去用法（▶p. 171）を使って had used to defend himself となるはずです。しかし、**この英文は起こった順番（=「使った→かかっていた」という順番）に動詞が並んでいるので、どちらも単純な過去形で表されています**（▶p. 171）。

hang（かかる、ぶら下がる、かける、ぶら下げる）は〔hang-hung-hung〕という活用です。**on は「接触」を表す前置詞です**。ですから壁にかかっている場合も hung on the wall と言います。「天井にハエが止まっている」は There is a fly on the ceiling. と言います。

Lesson 17, 18, 19, 20, 21

現在　現在

☒ **139. They say [she is an honest woman.]**

☒ S ③ O（that 接） S ② a → ^{n}C

読み下し They say 彼らは言う she is an honest woman. 彼女は正直な女性だ

和訳 彼女は正直な女性だと彼らは言う。

They は「特定の彼ら」かもしれませんし、一般的に「世間の人」という意味かもしれません。後者の場合は、「彼女は正直な女性だと世間の人は言う」とか「人は、彼女は正直な女性だと言う」のような和訳になります。she の前に従属接続詞の that が省略されています（▶p. 322）。

過去　原　ing

☒ **140. You should avoid crossing the street at this intersection.**

☒ S aux ③ O | ③ O 前 a → n（ad）

読み下し You should avoid あなたは避けるべきだ crossing the street at this intersection. この交差点で通りを横断すること

和訳 この交差点で通りを横断するのは避けるべきだ。

You は特定の人ではなく、一般的に「人」を指します（▶p. 214, 363, 409）。avoid については▶p. 362。

☒
☒ **141. In days gone by things like these never happened.**

p.p.　過去
ad　a ①　ad　S　a　ad　①

読み下し　In days gone by 昔は things like these これらのようなことは never happened. 決して起こらなかった

和訳　昔はこんなことは決してなかった。

gone は①の過去分詞形容詞用法で、「行ってしまった」という完了の意味を表しています（▶p. 413）。by は「通り過ぎて」という意味の副詞で gone にかかります。in days gone by は「通り過ぎて行ってしまった日々に⇒昔は」という意味の慣用句です。

☒
☒ **142. There is no hope [that they are alive.]**

現在　現在
誘導ad ①　a　S　接　S　②　aC
同格

読み下し　There is no hope どんな希望も存在しない that they are alive. 彼らが生きているという

和訳　彼らが生存している望みはない。

no については▶p. 78。that は従属接続詞で、that . . . alive は hope と同格の名詞節です（▶p. 323, 354, 357, 369）。**つづりが a で始まる短い形容詞は補語でのみ使います**。e.g. alive（生きている）、afraid（恐れている）、alike（似ている）、ashamed（恥じている）、aware（気づいている）、asleep（眠っている）、awake（目が覚めている）など（▶No. 32）。ただし、例外的に名詞の後に置いて、前の名詞を修飾することがあります。また、able（能力がある）は前から名詞にかけられます。e.g. the happiest man alive（今生きている一番幸せな人）/ an able manager（有能な管理者）ちなみに**「生きている」を名詞の前に置いて、後の名詞を修飾するときは living にします**。e.g. living persons（生存者）

☒
☒ **143. Not having experience with many fathers, I didn't realize [how understanding my father was.]**

ing　過去　原　過去
ad　ad ③　O　前　a　n　S　aux　ad　③　O　ad　aC　a　S　②
a

読み下し　Not having experience with many fathers, 多くの父親に接する経験を持っていない I didn't realize 私はわからなかった how understanding my father was. 私の父がいかに理解のある人であるかを

和訳　多くの父親に接した経験がなかったので、私は父がいかに理解のある人であるかわからなかった。

havingは「理由」を表す分詞構文です。Notを分詞の直前に置いて否定の分詞構文にしています（▶p. 212）。「experience with 人」は「人と交流する経験」を表します。ここのhowは感嘆副詞で「いかに、どんなに」と訳します（▶p. 330）。how understanding my father wasは間接感嘆文（▶p. 329）で、realizeの目的語になっています。

understandingは「目的語を伴わない③の現在分詞形容詞用法」（▶p. 283）で「O′を理解するような性質を持っている」という意味です。ここではO′（＝意味上の目的語）は「自分の子供」です。したがって、ここのunderstandingは「自分の子供を理解するような性質を持っている→自分の子供に対して理解がある」という意味です。ただし、辞書にはunderstandingは「もののわかる、思いやりがある」という意味の形容詞として載っているので、純粋な形容詞として扱ってもよいです。wasを「あった」ではなく「ある」と現在形で訳し、myを訳さないことについてはNo. 118, 122, 129を参照。

現在 原 原 現在

☒☒ **144. I want to stay to see [who wins.]**

S ③ O ① ad ③ O S ①

読み下し I want to stay 私はとどまりたい to see who wins. だれが勝つかを見るために

和訳 私はだれが勝つか見るためにとどまりたい。

whoは疑問代名詞（訳語は「だれ」）でwinsの主語です。who winsは間接疑問文です（▶p. 392）。

原 原

☒☒ **145. Don't get excited at such a trifle.**

You aux ad ② aC 前 a n ad

S

読み下し Don't get excited 興奮するな at such a trifle. そのような些細なことに

和訳 そのような些細なことに興奮するな。

excitedは過去分詞形容詞用法で「前の品詞は形容詞、前の働きは補語、後の品詞は動詞、後の働きは－③」です（▶p. 427）。ただし、excitedは辞書に「興奮した」という意味の形容詞として挙げられているので、「形容詞で補語」と考えてもよいです。

現在 原 過去

☒☒ **146. I don't know [what made him so angry.]**

S aux ad ③ O S ⑤ O ad aC

読み下し I don't know 私は知らない what made him so angry. 何が彼をそんなに怒らせたのか

和訳 なぜ彼がそんなに怒ったのかわからない。

whatは疑問代名詞（訳語は「何」）でmadeの主語です。what made him so angryは間接疑問文です（▶p. 397）。 what made him so angry は無生物主語構文なので、構造を変えて訳します（▶No. 39, 48, 57, 61, 102, 135）。**「疑問詞」は名詞、形容詞、副詞の中で疑問の意味を表しているものだけを抜き出してグループ化し、それに疑問詞という名称を付けただけです。ですから疑問詞と言っただけでは「この語は疑問の意味を表している」と言っただけで、品詞は言っていません。品詞を言うなら名詞、形容詞、副詞です（意味を加えて言えば疑問代名詞、疑問形容詞、疑問副詞です）。**F.o.R. 特訓で、この英文について「what の品詞は？」と尋ねたのに対して「疑問詞」と答えたら不正解です。しかし「名詞」と答えたら「正解です」と言います。さらに「もう少し精密に言ってください」と言いますから、そうしたら「疑問代名詞」と答えればよいのです。もちろん、品詞を尋ねられて、最初から「疑問代名詞」と答えるのは OK です。

ing 過去
☒ **147. Tapping on the hive excited the bees.**
☒ S ① ad ③ O

読み下し Tapping on the hive 巣を叩くことは excited the bees. 蜂を興奮させた
和訳 巣を叩くと、蜂が興奮した。

Tapping は動名詞で主語です（▶p. 362）。

現在 過去
☒ **148. I wish [I were with you then.]**
☒ S ③ O S ① ad ad
that
接

読み下し I wish 私は願う I were with you then. そのとき私があなたと一緒にいることを
和訳 私がそのときあなたと一緒にいればいいのになあ。

I wish の後に「名詞節を作る従属接続詞の that」が省略されています（▶p. 322）。「I wish S+V」については p. 330 参照。I wish I were with you then.（私がそのときあなたと一緒にいればいいのになあ）/ I wished I were with you then.（私がそのときあなたと一緒にいればいいのになあと思った）/ I wish I had been with you then.（私がそのときあなたと一緒にいたらよかったのになあ）/ I wished I had been with you then.（私がそのときあなたと一緒にいたらよかったのになあと思った）以上の 4 例を検討するとわかるように、「I wish S+V」の V が「単純な過去形」のときは「現在形の日本文」で訳し（←仮定法過去だからです）、V が「過去完了形」のときは「過去形の日本文」で訳します（←仮定法過去完了だからです）。これ（= S+V の訳し方）は I wish でも I wished でも変わりません。それでは I wish と I wished で何が違うかというと、I wished の場合は末尾に「と思った」を付ける点が違います。

過去 原 ing p.p.
☒ **149. Raymond did not like being called Ray.**
☒ S aux ad ③ O | −⑤ ^{n}C

読み下し Raymond did not like レイモンドは好まなかった being called Ray. レイと呼ばれることを

和訳 レイモンドはレイと呼ばれるのが好きでなかった。

being called は受身動名詞で「前の品詞は名詞、前の働きは動詞の目的語、後の品詞は動詞、後の働きは−⑤」です（▶p. 364）。

過去 原 p.p.
☒ **150. Were you able to make yourself understood in English?**
☒ ② S ^{a}C ad | ⑤ O ^{a}C | −③ ad

読み下し Were you able to make yourself understood あなたは意志が通じましたか in English? 英語で

和訳 あなたは英語で用が足せましたか。

were able to については▶p. 226。make yourself understood in English は「あなた自身が英語で理解される状態を生み出す」が直訳です。これは「あなたの言いたいことが相手に英語で理解される状態を生み出す」ということで、「自分の言いたいことを英語で相手にわからせる⇒英語で意志が通じる」という意味の決まり文句です。understood は過去分詞形容詞用法で「前の品詞は形容詞、前の働きは補語、後の品詞は動詞、後の働きは−③」です（▶p. 427）。yourself は再帰代名詞です（▶No. 45, 52, 92, 137, 138）。

現在 原 p.p.
☒ **151. How depressing it is to be called by someone else's name!**
☒ ad ^{a}C 仮S② 真S | −③ 前 n ad n
a
ad

読み下し How depressing it is それはなんて意気消沈させることか to be called 呼ばれること by someone else's name! 誰か他人の名前で

和訳 名前を呼び間違えられることは、なんとがっかりさせられることか。

How は感嘆副詞です（▶p. 146, 329）。depressing は depress（意気消沈させる）という③の動詞を「目的語が付かない③の現在分詞形容詞用法」（▶p. 283）にしたものです。意味は「人を意気消沈させるような性質を持っている」です。辞書は depressing を純粋な形容詞として扱っているので、この英文でも ^{a}C にしてかまいません。it は仮主語です（▶p. 322）。to be called は不定詞名詞用法で「前の品詞は名詞、前の働きは真主語、後の品詞は動詞、後の働きは−③」です。

else は「名詞を修飾できる副詞」です。名詞を修飾するときは名詞の後に置きます（▶中学

38)。someone else で「ほかの誰か」という意味です。else に 's が付いていますが、これは else の所有格ではなく、someone else（ほかの誰か）という語群の所有格です。someone else を所有格にしたのがsomeone else's（ほかの誰かの）です（▶p. 31）。e.g. someone else's business（だれかほかの人の仕事）/ Adam and Eve's children（アダムとイヴの子供たち）

現在　現在　原

☒ **152. 〈Whatever happens,〉 you have your father's money to fall back on.**
☒
S ①　S ③　a　O　a ①　ad　前　a　ad

読み下し Whatever happens, 何が起ころうとも you have your father's money あなたは父親のお金を持っている to fall back on. 最後のよりどころにする

和訳 何が起ころうとも、君にはいざというときに当てにできる父親の金がある。

Whateverは複合関係代名詞で、内側ではhappensの主語になっています。**Whatever happens は名詞節の場合は「起こることは何でも」、副詞節のときは「何が起ころうとも」という意味**です（▶p.338）。ここでは副詞節になっています。節内に「譲歩の may」を使って Whatever may happen にしてもかまいません（▶p. 339）。

your father's money to fall back on は p. 292 のタイプ 2 です（▶No. 103, 130）。to fall back on your father's money（父親のお金を最後のよりどころにする＝いざというときに父親のお金を当てにする）が下敷きになっています。

現在　現在

☒ **153. This is [why I dislike snakes.]**
☒
S ②　C　ad S ③　O

読み下し This is why これが理由です I dislike snakes. 私はヘビを嫌いだ

和訳 これが、私がヘビを嫌いな理由です / こういうわけで私はヘビが嫌いです。

why I dislike snakes は、why が疑問副詞だと「なぜ私がヘビを嫌いかということ」という意味になり、why が関係副詞だと、先行詞の the reason が省略されていて「私がヘビを嫌いな理由」という意味になります（▶p. 402）。和訳してみて This is に自然につながるのは後者です。直訳すると「これが、私がヘビを嫌いな理由です」となります。This が理由で、I dislike snakes が帰結ですから、「この理由で私はヘビを嫌いです」と訳しても事柄は変わりません（この訳し方については p. 404 参照）。英語では「この理由で」とか「こういうわけで」とか「これゆえ」は、1 語の副詞 therefore で表せます。したがって、この英文は Therefore I dislike snakes. と言っても同じ意味です。そこで **This is why S＋V. = Therefore S＋V.** と覚えておくと便利です。

過去　　　　　過去　　原　p.p.

☒☒ **154. A farm worker (who stayed up all night) claimed to have seen a figure**

n　n　S　①　ad 副詞的目的格　③　O | ⑤　O

S

ing

cutting corn in the moonlight.

^{a}C | ③　O　ad

読み下し　A farm worker 一人の農夫は who その農夫は stayed up all night 一晩中起きていた claimed to have seen 見たと主張した a figure cutting corn in the moonlight. 月明かりの中で一人の人影がトウモロコシを刈っているのを

和訳　一晩中起きていた一人の農夫は、月明かりの中で一人の人影がトウモロコシを刈っているのを見たと主張した。

stay up は「寝ないで起きている」という意味です。to have seen は完了不定詞で「述語動詞が表している時（＝農夫が主張を行なった時）」よりも前の行動であることを示しています（▶p. 220）。seen a figure cutting については p. 290 参照。

現在　　　　現在

☒☒ **155. 〈Whenever a Japanese moves overseas,〉 he suffers from a condition**

ad　S　①　ad　S　①　ad

p.p.

referred to as "culture shock."

a | −⑤　Cの印　^{n}C

読み下し　Whenever a Japanese moves overseas, 日本人が海外に転居するときはいつでも he suffers from a condition 彼は状態に苦しむ referred to as "culture shock."「カルチャーショック」と言われる

和訳　日本人は、海外に転居するといつでも、「カルチャーショック」と言われる状態に苦しむ。

Whenever a Japanese moves overseas は「日本人が海外に転居するときはいつでも」という訳し方と「いつ日本人が海外に転居しようとも」という訳し方の２つがあり、主節とのつながり具合に応じて、適切な方で訳します（▶p. 340）。ただし、節内に may が使われているときは原則として後者の訳し方になります。ここは前者が適切です。overseas の語尾の s は「副詞的属格の s」です（▶p. 39）。

「refer to O as C」は「O を C と言う」という意味の「⑤ O as C」です（▶p. 60）。refer to は「⑤の群動詞」です。これを受身にすると「S is referred to as C」（S は C と言われる）となります（▶No. 209）。referred to は refer to という「⑤の動詞の過去分詞形」です。これを裸にして（＝ be 助動詞を取って）過去分詞形容詞用法で使い、名詞にかけると「名詞 referred to as C」（C と言われる名詞、C と言われた名詞）となります。referred to は「1 つの動詞の過去分詞形」で「前の品詞は形容詞、前の働きは名詞修飾、後の品詞は動詞、後の働きは −⑤」です。これが a condition referred to as "culture shock."（「カルチャーショック」と言われる状

態）です。

過去　ing　過去　原

☒☒ **156. The news left me wondering [what would happen next.]**

S　⑤　O　^{a}C | ③　O　S　aux　①　ad

読み下し　The news left me wondering その知らせは私が知りたく思っている状態を生み出した what would happen next. 次に何が起こるか

和訳　その知らせを聞いて、私は次に何が起こるのだろうと思った。

「S leave 名詞 V-ing」は「名詞を V している状態に放っておく」という意味の「S ⑤ O ^{a}C」です。したがって The news left me wondering . . . は「その知らせは私を . . . を知りたく思っている状態に放っておいた」という意味です。「O と C の間にある意味上の主語・述語関係」と「⑤の基本的意味」の次元で捉えると、「その知らせは、私が . . . を知りたく思っている状態を生み出した」となります。この英文は無生物主語構文なので、構造を変えて訳します（▶ No. 39, 48, 57, 61, 102, 135, 146）。すると「その知らせを聞いて、私は . . . を知りたく思った」となります。**wonder は間接疑問文を目的語にするときは「be curious to know（知りたく思う）」という意味です。**what は疑問代名詞で、名詞節を作り、内側では would happen の主語になっています。

過去　ing　p.p.

☒☒ **157. His career culminated in his being elected President.**

a　S　①　前　S′　n | −⑤　^{n}C

ad

読み下し　His career culminated 彼の経歴は頂点に達した in his being elected President. 大統領に選ばれることで

和訳　彼はついには大統領に選ばれるまでになった。

his は動名詞の「意味上の主語」です（▶p. 368）。being elected は動名詞で「前の品詞は名詞、前の働きは前置詞の目的語、後の品詞は動詞、後の働きは－⑤」です。his being elected President を直訳すると「彼が大統領に選ばれること」となります。

現在　原　現在　原

☒☒ **158. I demand [that she apologize at once.] Otherwise I won't allow her**

S　③　O　接　S　①　ad　文ad　S　aux　ad　⑤　O

原

to join this club.

^{a}C | ③　a　O

読み下し　I demand that 私は以下のことを要求する she apologize at once. 彼女がすぐに謝罪する / Otherwise さもなければ I won't allow 私は許さない her to join this club. 彼女がこのクラブに

加入するのを

和訳 彼女にすぐに謝ってもらいたい。そうでなければ、彼女がこのクラブに入るのは反対だ。

apologize は仮定法現在で原形動詞です（▶p. 371）。もし現在形なら apologizes にならなければいけません。**otherwise は「さもなければ、それとは違ったやり方で、その他の点では」という意味を表す副詞です**（▶No. 95）。won't は will not の短縮形です（▶p. 431, No. 130）。この will は「〜するつもりだ」という意志未来を表します（▶p. 249）。

現在　原　現在　p.p.

☒☒ **159. A slang word ceases to be slang 〈when it is accepted by the dictionary.〉**

a　S　③　O ②　ⁿC　接　S　−③　ad

読み下し A slang word ceases to be slang 俗語は俗語であることをやめる when it is accepted それが受け入れられるとき by the dictionary. 辞書によって

和訳 俗語は、辞書に採用されると、俗語でなくなる。

最初の slang は「俗語の」という意味の形容詞です。2 番目の slang は「俗語」という意味の名詞です。不可算名詞なので単数・無冠詞で使われています。個々の俗語は a slang word あるいは a slang expression と言います。cease は①で「終わる」、③で「終える」という意味の動詞です。ここは③で to be という不定詞名詞用法を目的語にしています。cease は動名詞を目的語にすることもできるので、ceases being slang と言っても同じです。when は従属接続詞で、副詞節を作っています（▶p. 186, 390）。it は A slang word を指しています。

現在　原

☒☒ **160. We must pay attention to the fact [that political considerations**

S　aux　③　O　ad　接　a　S

同格

現在

are always part of legal decisions.]

②　ad　ⁿC　前　a　n

a

読み下し We must pay attention to the fact that 我々は以下の事実に注意を払わなければいけない political considerations are always part of legal decisions. 政治的考慮が常に法的決定の一部である

和訳 我々は、政治的考慮が常に法的決定の一部であるという事実に注意を払わなければいけない。

that . . . decisions は the fact と同格になる名詞節です（▶p. 323, 354, 357, 369, No. 142）。

現在　ing　現在　原

☒☒ **161. [What is important in writing a composition] is to make your idea clear.**

S　S　②　ªC　前　n ③　O　②　ⁿC ⑤　a　O　ªC

ad

読み下し What is important 重要なことは in writing a composition 作文を書くことにおいて is to make your idea clear. 自分の考えを明確にすることです

和訳 作文を書くことにおいて重要なことは自分の考えを明確にすることです。

ここの What は関係代名詞です（▶p. 332）。しかし、それは is to make your idea clear を読んでわかることであって、もし What is important in writing a composition? だったら What は疑問代名詞で「作文を書くことにおいて何が重要ですか ?」という意味になります。in V-ing は「V することの中に、V することにおいて、V する際に」という意味を表します。ここでは「V することにおいて」と訳していますが、「V する際に」と訳してもかまいません。

S is to V . . . は、is toV が「助動詞 be to ＋述語動詞」の場合、「② ^{n}C」（S は V することである）の場合、「① ad」（S は V するためにある）の場合の 3 つの可能性があります。このどれであるかは意味によって判断します（▶p. 375, 385）。ここでは「② ^{n}C」です。なお、もし clear が名詞修飾で idea にかかるのであれば、to make your clear idea（あなたの明確な考えを作ること）になります。

過去 原 p.p.

☒ ☒ **162. It took a lot of time to get these official documents translated into English.**

仮S ③ a O 真S｜⑤ a a O ^{a}C｜－③

ad

読み下し It took a lot of time それはたくさんの時間を必要とした to get these official documents translated これらの公文書を翻訳された状態にすること into English. 英語に

和訳 これらの公文書を英語に翻訳させるのに時間がかかった。

構造図では It を仮主語（▶p. 322）、to get を不定詞名詞用法で真主語にしています（▶p. 373）。この表現は「It が『状況の it（＝漠然と状況を表す it）』で主語、to get が『目的の意味』を表す不定詞副詞用法で took にかかる」と捉える考え方もあります。この捉え方で直訳すると「状況は、これらの公文書を翻訳された状態にするために、たくさんの時間を必要とした」となります。どちらの捉え方でもよいです。この took は「（時間、労力などを）必要とする」という意味の動詞 take の過去形です。a lot of は「たくさんの」という意味の形容詞句で、後ろの名詞にかかります（▶No. 51, 89, 中学 39）。

get を⑤で使うと、補語には形容詞、現在分詞形容詞用法、過去分詞形容詞用法、to 不定詞形容詞用法を置くことができます。ここは過去分詞形容詞用法が補語になっています。translated は過去分詞形容詞用法で「前の働きは補語、後の働きは－③」です。get these official documents translated を「⑤の基本的意味」と「O と C の間にある意味上の主語・述語関係」の次元で日本語にすると、「これらの公文書が翻訳される状態を生み出す」となります。自分で翻訳する場合もありえますが、これは例外的で、大抵は「他人にやらせる・やってもらう」のです。そこで「これらの公文書を英語に翻訳させる」という和訳になります。

現在　　　　　　　　　　現在

☒☒ **163. The Dear Old Lady — that is [what the people of Pisa call the tower]**

S　S ②　C　^{n}C　S　a　⑤　O

現在

— needs help.

③　O

読み下し The Dear Old Lady 愛すべき老婦人 — that is what the people of Pisa call the tower それがピサの人たちがその塔を呼ぶ呼び名です — needs help. 助けを必要としている

和訳 愛すべき老婦人—そういうふうにピサの人たちはその塔を呼びます—は助けを必要としている。

that is what the people of Pisa call the tower はダッシュとダッシュではさまれた「挿入」です。that は The Dear Old Lady を指します。The people of Pisa call the tower X.（ピサの人たちはその塔を X と呼ぶ）は「S ⑤ O ^{n}C」です。この X を関係代名詞の what に変えて、全体を名詞節にすると、what the people of Pisa call the tower（ピサの人たちがその塔を呼ぶもの）となります。X はその塔の「呼び名」ですから、X を変えた関係代名詞 what の中身も「呼び名」です。そこで what を「こと、もの」ではなくて「呼び名」と訳すと「ピサの人たちがその塔を呼ぶ呼び名」となります（▶p. 332）。

that is what the people of Pisa call the tower は、直訳すると「それがピサの人たちがその塔を呼ぶ呼び名です」となります。上の訳はこれを「そういうふうにピサの人たちはその塔を呼ぶ」と意訳しています。この訳し方については p. 404, No. 153 を参照。

現在　　　　原

☒☒ **164. Under the circumstances it is impossible to carry out the plan.**

ad　仮S ②　^{a}C　真S ③　ad　O

読み下し Under the circumstances その状況の下では it is impossible それは不可能だ to carry out the plan. その計画を実行すること

和訳 その状況下では、計画を実行するのは不可能だ。

circumstance（（周囲の）事情、状況）という語は、普通は複数形で使います。Under the circumstances で「その状況の下では」という意味です。

仮主語の it については p. 322 を参照。to carry は不定詞名詞用法です（▶p. 374）。carry out は「実行する」という意味の idiom ですから、carry out を「③の群動詞」にしてもかまいません。

☒
☒
現在 p.p.
165. Japan is visited by earthquakes very frequently, so some foreigners
S −③ ad ad ad 文ad a S
and
\+
ing 現在 現在 原
living in Japan are worried that they may have an earthquake
a ① ad ② ªC 接 S aux ③ O
about
ad
at any moment.
前 a n
ad

読み下し Japan is visited by earthquakes very frequently, 日本は非常にしばしば地震に見舞われる so だから some foreigners living in Japan 日本に住んでいる一部の外国人は are worried that 以下のことを心配している they may have an earthquake at any moment. いつなんどき地震が起こるかもしれない

和訳 日本は非常にしばしば地震に見舞われるので、日本に住んでいる外国人の中には、いつなんどき地震が起こるかもしれないと心配している人がいる。

visit は「訪問する」という意味の他動詞ですが、「be visited by 災害」で「災害に見舞われる、襲われる」という意味を表します。and so（そして、それで）から and が省略されています（▶p. 171, No. 52）。**主語の複数名詞に some が付いているときに「いくつかの S が」「何人かの S が」と訳すと「数個、数人」に限定されてしまいます。そこで「数個、数人」に限られないときは「一部の S が」と訳すか、あるいは「S の中には V するものもある、いる」という訳し方をします。**living については▶p. 282。

worry は①で「心配する」、③で「心配させる」という意味です。ですから、この英文の are worried を−③にして「心配させられている→心配している」と考えてもよいです（▶p. 132）。しかし、辞書では worried を「心配している、心配そうな」という意味の形容詞にしています。そこで、上の構造図では辞書にしたがって are worried を「② ªC」にしています。be worried about . . .（. . . について心配している）の「. . .」に that 節が入ると、about は省略しなければなりません（▶p. 322）。これが本文の形です。they may have an earthquake at any moment は「彼らはどんな瞬間にも地震を経験するかもしれない」が直訳です。

☒
☒
現在 ing p.p.
166. I remember its having been extremely cold that winter.
S ③ S′ O ② ad ªC a n
副詞的目的格

読み下し I remember 私は覚えている its having been extremely cold 極度に寒かったことを that winter. その冬は

和訳 その年の冬はひどく寒かったことを私は覚えている。

its は「天気の it」(▶p. 37) の所有格です。ここでの働きは「動名詞の意味上の主語」です (▶p. 368)。having p.p. は全体を 1 つの ing 形として扱い、「完了動名詞・完了現在分詞形容詞用法・完了分詞構文」のどれかになります (▶p. 365)。ここの having been は完了動名詞で、「前の品詞は名詞、前の働きは動詞の目的語、後の品詞は動詞、後の働きは②」です。

☒☒ **167. The lecture was boring, so I pressed my fingernails painfully into the palms of my hands. It was all 〈I could do not to fall asleep.〉**

過去　ing　過去
S　②　^{a}C | ③　(and +)　文ad S　③　a　O　ad　ad

過去　過去　原　原
前　a　n (a)　S　②　^{n}C　S　aux　③　ad　ad | ②　^{a}C

読み下し The lecture was boring, その講義は退屈だった so I pressed my fingernails painfully それで私は指の爪を痛いほど押し付けた into the palms of my hands. 手のひらに / It was all I could do それは私ができるすべてだった not to fall asleep. 眠り込まないために

和訳 その講義は退屈だったので、私は指の爪を手のひらに痛いほど押し付けた。それは、眠り込まないために私ができる精一杯のことだった。

was boring は進行形ではありません (▶p. 118)。boring は「目的語を伴わない③の現在分詞形容詞用法」です (▶p. 283)。so については▶p. 171, No. 52, 165。第 2 文と同じ英文が p. 382 に出ていて、「It が仮主語、not to fall asleep が不定詞名詞用法で真主語」という構造で読んでいます。「眠り込まないことは私ができるすべてのことだった→眠り込まないことだけが、私ができることだった→私は眠らないでいるのが精一杯だった」という意味です。上の英文の場合、It は前文の内容を受けていて、仮主語ではなくて、正式な主語です (「それは」という意味です)。not to fall asleep は「目的の意味を表す不定詞副詞用法」で do にかかっています。直訳すると「それは眠り込まないために私ができるすべてのことだった」となります。これを意訳すると上の訳になります。not の前に in order を置いて It was all I could do in order not to fall asleep. にすると、2 通りの読み方はできず、本文の読み方に決まります。

☒☒ **168. 〈Whatever difficulty he may meet with,〉 he does not mind it.**

現在　原　現在　原
a　S　aux　①　ad　S　aux　ad　③　O

読み下し Whatever difficulty どんな困難 he may meet with, 彼が出会おうとも he does not mind it. 彼はそれを気にしない

和訳 彼はどんな困難に出会おうとも、平気だ。

Whatever は複合関係形容詞です (▶p. 338)。Whatever は内側で difficulty にかかっています。Whatever difficulty は with の目的語です。whatever は名詞節と副詞節を作りますが、ここでは副詞節を作っています。**副詞節の場合は「whatever＋名詞 (どんな名詞)」から訳し始**

めて、述語動詞を最後に訳し、それに「とも」を付けます（▶p. 340）。

may は「譲歩の意味を表す副詞節」の中で使われる may で「譲歩の may」と呼ばれ、和訳するときは訳さなくてよいです（▶p. 339、No. 152）。meet を「困難や事故にあう」という意味で使うときは meet with . . . と言います。e.g. We met with an accident during our stay in Shikoku.（我々は四国に滞在中に事故にあった）

☒☒ **169. In a democracy, man is free to engage in whatever kind of profession he is fitted for.**

読み下し In a democracy, 民主主義国家では man is free to engage 人は自由に従事できる in whatever kind of profession どんな種類の職業にも he is fitted for. 自分が適している

和訳 民主国家では、人は自分が適するどんな種類の職業にも自由に従事できる。

is free to engage については▶p. 218 注 2。Whatever は複合関係形容詞です（▶p. 338）。Whatever は内側で kind にかかっています。

「a kind of . . .」という表現は、of . . . を a kind にかけて「. . . の一種」と読む場合と、a kind of を . . . にかけて「一種の . . .」「ある種の . . .」と読む場合があります。たとえば Husky is a kind of dog.（ハスキーは犬の一種だ）は前者で、He is a kind of environmentalist.（彼は一種の環境保護論者だ / 彼はある種の環境保護論者だ）は後者です。**「彼は一種の環境保護論者だ」と「彼はある種の環境保護論者だ」は事柄がまったく違います。**「彼は一種の環境保護論者だ」は「本物の環境保護論者」ではなく「厳密には環境保護論者とは言えないが、まあ環境保護論者みたいなものだ」という意味です。それに対して「彼はある種の環境保護論者だ」は、彼は本物の環境保護論者なのです。本物の環境保護論者にもいろいろな種類があり「彼はその一種だ」という意味です。「それなら Husky is a kind of dog. と同じように of environmentalist を a kind にかければいいではないか」と思うかもしれませんが、それはできません。なぜなら Husky は犬種ですから Husky＝a kind が成立しますが、He は特定の個人であって、種類ではありませんから He＝a kind は成立せず、したがって a kind を補語にすることはできないからです。「. . .」に形容詞が付いて「a kind of 形容詞 . . .」になっても事情は変わりません。X is a kind of new camera. は「(a) X は新しいカメラの種類だ」「(b) X は一種の新しいカメラだ」「(b) X はある種の新しいカメラだ」の 3 つの読み方があり、(b) の場合は「X は本当のカメラではなく、カメラのようなもの」なのです。

それでは kind に形容詞が付いて「a 形容詞 kind of . . .」だったらどうでしょうか。これも「of . . . を a 形容詞 kind にかけて読む場合」と「a 形容詞 kind of を . . . にかけて読む場合」があります。ところが後者の場合（＝a 形容詞 kind of を . . . にかけて読む場合＝「形容詞な種

類の . . .」と読む場合）は、通常「. . . は本物」であって、「. . . は本物ではなく、それに似たもの」という意味にはならないのです。たとえば X is a new kind of camera. は「X はカメラの新しい種類だ」と「X は新しい種類のカメラだ」の２つの読み方があり、後者の場合「X は本物のカメラ」なのです（ただし、厳密に言うと「X は一種の新しいカメラだ」と言いたいときに X is a kind of new camera. と言わずに X is a new kind of camera. と言う人がいます。文脈から「X は本当のカメラではなく、カメラのようなもの」であることが明らかなときは、こう言う人もいるのです）。

さて、形容詞のところに複合関係形容詞 whatever を置いて whatever kind of . . . にした場合も「of . . . を whatever kind にかける読み方（「. . . のどんな種類」という意味です）」と「whatever kind of を . . . にかける読み方（「どんな種類の . . .」という意味です）」があり、後者の場合は、通常「. . . は本物」なのです。本文の whatever kind of profession は、whatever kind of が profession にかかり「どんな種類の職業でも」という意味です。「profession は本物の職業」で「職業のようなもの」ではありません。profession は文末の前置詞 for の目的語です。**in と whatever kind of profession は構造上は何の関係もありません。**in は主節内の語、whatever kind of profession は従属節内の語で「内外断絶」しているからです（▶p. 188, 339）。in の目的語は whatever が作る名詞節です。

whatever は名詞節と副詞節を作りますが、ここでは名詞節を作っています。**名詞節の場合は「whatever＋名詞（どんな名詞）」を最後に訳し、それに「でも」を付けます**（▶p. 339）。本文では whatever kind of profession を最後に訳して、それに「でも」を付けるので、「自分が適しているどんな種類の職業でも」となります。「whatever＋名詞」を訳す前にいったん「名詞は」を入れると、たいていより滑らかな日本語になります。本文の場合は、kind ではなく profession を入れて「自分が適している職業はどんな種類の職業でも」となります。ただし本文の場合は入れなくても滑らかな日本語ですから、入れなくてもよいでしょう。これを to engage in（〜に従事する）につなげると、「自分が適しているどんな種類の職業でもに従事する」となります。これでは日本語としておかしいですから「自分が適しているどんな種類の職業でも、それに従事する」とするか、「自分が適しているどんな種類の職業にでも従事する」のどちらかにします。

「fit 人 for . . .（人を . . . に適合させる）」を受身にすると「人 is fitted for . . .（人が . . . に適合させられる）」となります。これが本文のベースにある形です。したがって is fitted は「現在形・述語動詞・－③」にしてもよいです。しかし、辞書は fitted を「適している、向いている」という意味の形容詞にしています。そこで、前ページの構造図では辞書にしたがって is fitted を「② ªC」にしています。

「名詞節を作る複合関係形容詞の whatever」は意味的には any と同じです。ですから whatever kind of profession he is fitted for は any kind of profession that he is fitted for と言っても同じ意味です。後者の関係代名詞 that は省略できますから、省略すると any kind of profession he is fitted for となります。両者は１語違いですが、構造はまったく違います。前者は whatever kind of profession he is fitted for の全体が名詞節で in の目的語になり、profession と he の間には何も省略されていません。それに対し、後者は any kind of profession が in の目的語で、

profession と he の間に関係代名詞の that が省略されていて、he is fitted for は形容詞節で profession にかかっています。このように構造がまったく違うのですが、前から意味をとって行くときは、頭の中で whatever を any に読み替えて「man is free to engage 人は自由に従事できる in whatever kind of profession どんな種類の職業にも he is fitted for 自分が適している」のように読むのがよいでしょう。

ing　現在　ing

☒☒ **170. After doing it three times he is sufficiently experienced in teaching**

前 n ③ O 副詞的目的格 S ② ad aC 前 n ③

ad　ad

現在 ing

children (who are doing badly at school.)

O S ① ad ad

読み下し After doing it three times それを 3 回やった後で he is sufficiently experienced 彼は十分に経験がある in teaching children 子供を教えることに who その子供たちは are doing badly at school. 学校で下手にやっている

和訳 彼は 3 回やったことがあるので、学校で成績が振るわない子供を教えるのに十分な経験を持っている。

it は後に出てくる teaching children who are doing badly at school を指しています。experienced は「経験を積んだ」という意味の純粋な形容詞です。do badly at school は「学校で下手にやる→学校の成績がよくない」という意味の決まり文句です。

現在　原

☒☒ **171. A shopping center tries to provide all the goods and services (that a**

n n ③ O ③ a n + n O

S　O

過去　原

customer could ask for.)

S aux ③

読み下し A shopping center tries to provide ショッピングセンターは供給しようとしている all the goods and services すべての物品とサービスを that それらの物品とサービスを a customer could ask for. 顧客が求める可能性がある

和訳 ショッピングセンターは、顧客が求める可能性があるあらゆる物品とサービスを供給しようとしている。

shopping は「買い物」という意味の名詞です。try to V は「V しようと努力する」という意味で「③ O」です。that については▶p. 238。could は「可能性」の意味を表す can を過去形にすることによって「控えめ」な表現にしたものです（can が「V する可能性がある」なら、could は「もしかすると V する可能性がある」です）。こういう過去形の用法を「仮定法過去の婉曲用法」と言います（▶No. 37, 43, 中学 20）。ask for . . . は「. . . を求める」という意味の idiom です。「① 前置詞」と考えてもいいし「③の群動詞」と捉えてもよいです。

現在　　　　　　　　現在　ing

☒ **172. They are sure ↑ something bad is coming.**
☒ S ② ªC　S　a　①

of [that
前　接
ad

読み下し They are sure 彼らは確信している something bad is coming. 何か悪いことが近づきつつある

和訳 彼らは何か悪いことが近づきつつあると確信している。

be sure of . . .（. . . について確信している）の「. . .」に that 節が入ると、of は省略しなければなりません（▶p. 323, No. 165）。すると be sure that S + V となります。さらに be sure（確信している）が意味的に「1 つの③の動詞」のように感じられると、that 節が「動詞の目的語」になっているように感じられて、that が省略されることが起こります（▶p. 324）。すると be sure S + V（S + V を確信している）となります。これが本文の形です。something bad については▶p. 78。

過去　　　　　原

☒ **173. In his childhood it was unusual for boys to take music lessons, ↑ so**
☒ 前 a n 仮S ② ªC S′ 真S ③ a O 文ad
ad　　　　　　　　　　　　　　　　　　　and
+

過去　原　p.p.

he didn’t have his son taught music.
S aux ad ⑤ a O ªC −④ O

読み下し In his childhood 彼の子供時代には it was unusual それは珍しかった for boys to take music lessons, 男の子が音楽のレッスンを受けること so だから he didn’t have his son taught music. 彼は息子が音楽を教わるのをさせなかった

和訳 彼の子供時代には、男の子が音楽のレッスンを受けるのは珍しかった。それで、彼は息子に音楽を習わせなかった。

it については▶p. 322、for boys については▶p. 223。この so は「$S_1 + V_1$, and so $S_2 + V_2$.」から and が省略された形です（▶p. 171, No. 52, 165, 167）。この so を等位接続詞にしている辞書もあります。

have his son taught は「have + O + p.p.」です（▶p. 428）。taught は過去分詞形容詞用法で「前の品詞は形容詞、前の働きは補語、後の品詞は動詞、後の働きは −④」です。music は「動詞の目的語」です。**taught music は、taught が過去形であれば「述語動詞・③」で「音楽を教えた」という意味ですが、taught が裸の過去分詞であれば「準動詞（過去分詞形容詞用法か**

分詞構文)・ー④」で「音楽を（誰かによって）教えられる、教えられた」という意味です。have his son taught music の have は⑤で基本的意味は「生み出す」です。his son と taught は O と C ですから、この間には「彼の息子が（誰かによって音楽を）教えられる」という「意味上の主語・述語関係」があります。have his son taught music は「彼の息子が音楽を（誰かによって）教えられる状態を生み出す」という意味です。この「意味上の主語・述語関係」を能動態に変えると「彼の息子が音楽を（誰かから）習う状態を生み出す→彼の息子に音楽を習わせる」となります。本文はこれを否定していますから「音楽のレッスンを受けさせなかった」という意味です。

ところで、本文は厳密に言うと「息子が音楽を自学自習すること」は排除していません。それに対して he didn't have his son learn music（彼は息子に音楽を学ばせなかった）の場合は「音楽を自学自習すること」も許さなかったことになります。この英文は「have＋O＋原形」です（▶p. 428）。learn は原形不定詞形容詞用法で「前の品詞は形容詞、前の働きは補語、後の品詞は動詞、後の働きは③」です。

☒☒ **174. Our school games of soccer were just twenty-two small boys rushing about a field after a ball.**

a S a ② ad a a S′ ^{n}C ① ad ad

読み下し Our school games of soccer 私たちが学校でやったサッカーの試合は were just twenty-two small boys rushing 22 人の幼い少年がただ走るだけのことだった about a field after a ball. ボールを追いかけてグラウンドを

和訳 私たちが学校でやったサッカーの試合は、22 人の幼い少年がボールを追いかけてグラウンドを走り回る、ただそれだけのことだった。

Our school games of soccer were just twenty-two small boys を「S ② ^{n}C」と読むことはできません。games＝boys が成立しないからです（▶p. 49）。twenty-two small boys は「動名詞の意味上の主語」です。rushing は動名詞で「前の働きが補語、後の働きが①」です。twenty-two small boys は目的格の名詞です。これを twenty-two small boys' と所有格にしても構いません（▶p. 368）。

just は「ただ、単に」という意味の副詞です。この副詞は名詞を修飾できる副詞の一つです（▶No. 115）。構造図では rushing の「前（＝名詞部分）」にかけていますが、より正確に言うと twenty-two small boys rushing about a field after a ball の全体にかかっています。about は「〜のあちこちを」という意味の前置詞です。after a ball は「ボールの後から」という意味の副詞句で rushing にかかっています。より正確に言うと rushing の「後（＝動詞部分）」にかかっています。

現在　原　現在　現在　原

☒ **175. Who can claim [that [what pleases one man] must necessarily please another?]**
☒

S　aux　③　O　接　S　S　③　a　O　aux　ad　③　O

読み下し　Who can claim that だれが以下のことを主張できるか what pleases one man 一人の人を喜ばせるものが must necessarily please another? 必ず別の人を喜ばせるに違いない

和訳　ある人を喜ばせるものが必ず別の人を喜ばせるに違いないとだれが言えるだろうか。

Who can claim that S+V? は「誰が S+V を主張できるのですか（教えてください）」という普通の疑問文のこともありえますが、通常は「誰が S+V を主張できるだろうか（主張できる人なんかいない）」という修辞疑問文です（▶p. 140）。本文の what は関係代名詞で、what から man までが名詞節で、please の主語になっています。what 自体は節内で pleases の主語です。ここの must は「推量」の意味です（▶p. 164）。another は「別の、もう一つの」という意味の形容詞もありますが、ここでは「別の人」という意味の代名詞として使われています。

現在　現在　現在　ing

☒ **176. 〈If there's anything (I hate,)〉 it's standing in line.**
☒

接　誘導ad　①　S　S　③　S　②　ⁿC　①　ad

読み下し　If there's anything I hate, もし私が大嫌いなものがあるとすれば it's standing in line. それは列を作って立つことです

和訳　私が大嫌いなものがあるとすれば、それは列を作って並ぶことです。

anything と I の間に関係代名詞の that が省略されています（▶p. 250）。hate の目的語は anything ではありません。省略されている関係代名詞の that です。anything と hate は「内外断絶の原則」によって構造上は何の関係もありません（▶p. 188）。

is standing は進行形ではありません。is は be 動詞で現在形・述語動詞・②です。standing は動名詞で「前の品詞は名詞、前の働きは補語、後の品詞は動詞、後の働きは①」です。S is standing は進行形だと「S は立っている」、「② ⁿC」だと「S は立つことである」という意味になります。**この in は「形態」を表しています。in line は「列の形態で」という意味です。**たとえば sit in a circle は「円の中に座る」ではありません。「円になって座る」という意味です。「円の中に座る＝円の内側に座る」は sit within a circle と言います。

現在　ing

☒ **177. What a clear way you have of putting things!**
☒

a　a　O　S　③　前　n　③　O

a

読み下し　What a clear way you have なんと明確な方法をあなたは持っていることか of putting things! 物事を言い表すことの

和訳 物事を言い表す、なんと明確な方法をあなたは持っていることか。

What は感嘆形容詞です（▶p. 94, 95, 147, 330, 中学 39）。不定冠詞の a を乗り越えて clear way にかかっています。「限定詞が持つ修飾関係切断機能」を破る例外です（▶p. 94, 400）。感嘆文ですから疑問文の語順ではなく普通の文（←平叙文と言います）の語順です（▶p. 146）。**put には「言い表す（=express）」という意味があります**（▶p. 438）。e.g. Try to put your questions more clearly.（質問をもっとはっきり言い表すようにしなさい）/ to put it more precisely（もっと正確に言えば）

過去 過去 p.p. p.p.

☒☒ **178. The policeman recorded [that the traffic accident had been caused by speeding.]**

S ③ O 接 S aux −③ ad

読み下し The policeman recorded that 警察官は以下のことを記録した the traffic accident had been caused その交通事故は引き起こされた by speeding. スピード違反によって

和訳 その交通事故はスピード違反によって引き起こされたと警察官は記録した。

had been caused は大過去用法の過去完了です（▶p. 171, No. 137, 138）。speeding は「スピード違反」という意味の不可算名詞です。

現在 p.p.

☒☒ **179. He deserves the place given him in the literary histories.**

S ③ O a −④ O 前 a n ad

読み下し He deserves the place 彼はその位置に値する given him in the literary histories. 文学史において彼に与えられた

和訳 彼は文学史において彼に与えられた位置を占めるに値する。

分詞形容詞用法が後ろから前の名詞にかかるときは、名詞と分詞の間には必ず「意味上の主語・述語関係」があります（▶p. 282, No. 141, 155）。the place と given の間にある「意味上の主語・述語関係」を「構造上の主語・述語」で表すと、the place which has been given him in the literary histories となります。

原 ing 現在 原

☒☒ **180. The best way to avoid catching a cold is to keep away from those (who have one.)**

a S a ③ O ③ O ② ^{n}C ① ad ad S

現在

③ O

読み下し The best way to avoid catching a cold 風邪を引くことを避ける最善の方法は is to keep away 離れていることである from those who have one. 風邪を引いている人から

和訳 風邪を引くのを避ける最善の方法は、風邪を引いている人に近づかないことである。

way to avoid は p. 292 のタイプ 3 です。avoid catching については▶p. 362、is to keep については▶p. 375, 385, No. 161。この keep は①で、「keep 位置を表す副詞」(ずっと . . . の位置にいる) という形で使います。e.g. Keep right. (右側に寄っていなさい、右側を通行しなさい) keep away from . . . は「. . . から離れた位置にずっといる→ . . . に近寄らない」という意味です。

those は「人々」という意味の代名詞で、who の先行詞です。those who V . . . で「V する人々」という意味を表します (▶p. 255, No. 81)。one は a cold の代わりをする代名詞です。

現在 ing 現在 現在 原 p.p.

☒ **181. All (I'm saying) is [that there's additional investigation to be done.]**

S S ③ ② C 接 誘導ad ① a S a | −③

☒

読み下し All I'm saying is that 私が言っているすべてのことは以下のことです there's additional investigation 追加の調査がある to be done. なされるべき

和訳 私が言っているのは、追加調査がなされるべきだということだけです。

All と I'm の間に関係代名詞の that が省略されています。**All I'm saying is that S+V は「私が言っているすべてのことは S+V である」が直訳です。これを「私が言っていることは S+V だけです」と意訳します** (▶p. 382, No. 167)。

to be done は不定詞形容詞用法で investigation にかかります。したがって there's additional investigation to be done は、直訳すると「なされる (べき) 追加の調査がある」となります。これでもいいのですが、実は **There is S to be p.p. という表現は S is to be p.p. と同じ意味を表していることが多いのです** (is to は「義務」を表す助動詞)。本文もそうで、ここは意味的には additional investigation is to be done (追加の調査がなされるべきだ) と同じです。**類似の現象は There is S -ing. ⇒ S is -ing. / There is S p.p. ⇒ S is p.p. でも起こります。**

現在 原 現在 原

☒ **182. I want to know [if it is possible to work there.]**

S ③ O | ③ O 接 仮S ② ªC 真S | ① ad

☒

読み下し I want to know 私は知りたい if it is possible それが可能かどうか to work there. そこで働くこと

和訳 私はそこで働くことが可能かどうかを知りたい。

if については▶p. 196。it は仮主語です (▶p. 322)。to work は不定詞名詞用法で「前の品詞は名詞、前の働きは真主語、後の品詞は動詞、後の働きは①」です (▶p. 373)。

過去　現在

☒ ☒ **183. Aristarchus proposed the correct idea [that the earth is in motion,**

S ③ a O 同格 接 S ② ªC

ing ing

spinning like a top and also circling around the sun.]

ad ① ad + ad ad ① ad

読み下し Aristarchus proposed the correct idea that アリスタルコスは以下の正しい考えを提示した the earth is in motion, 地球は動いていて spinning like a top コマのようにくるくる回転し and also circling around the sun. そしてまた太陽の周りを回っている

和訳 アリスタルコスは、地球は動いていて、コマのようにくるくる回転し、同時に太陽の周りを回っているという正しい考えを提示した。

Aristarchus（アリスタルコス）は古代ギリシャの天文学者です。that . . . the sun は the correct idea と同格になる名詞節です（▶p. 323, 354, 357, 369, No. 142, 160）。

in motion は「動いている」という意味の形容詞句で補語です。e.g. The printing processes have been put in motion.（印刷工程はすでに稼働している）この例文は been put が−⑤で、in motion が ªC です。

本文はまず the earth is in motion（地球は動いている）と言って、その後で is in motion を詳しく spinning . . . and . . . circling . . . という分詞構文で説明したのです。したがって spinning と circling は「言い換えの分詞構文」です（▶p. 208）。that 節の中は「不変の真理」を表しています。ですから時制の一致が起こらず現在形（＝is）で書いています（▶p. 350）。

現在　ing　p.p.　過去

☒ ☒ **184. I remember being deeply disappointed in the first lion (I saw.)**

S ③ ad O −③ 前 a n S ③ ad

読み下し I remember being deeply disappointed 私は深く失望させられたことを覚えている in the first lion I saw. 私が見た最初のライオンに

和訳 私は初めてライオンを見たときひどくがっかりしたのを覚えている。

be disappointed は「失望させられる」が直訳です。しかし、このように心理状態を表す動詞の受身は「〜される」という意味が希薄になり、「〜する」という自動詞①の意味を表す場合が多いです（▶p. 132）。覚えているのは「今」で、失望させられたのは「過去」です。ですから、理屈からすると「完了動名詞」を使って I remember having been deeply disappointed と言うはずです。しかし「失望を覚えている」と言えば「失望」は過去のことに決まっています。ですから、わざわざ完了動名詞を使わず、単純形の動名詞でよいのです（▶p. 366）。being disappointed は受身動名詞です（▶p. 364）。the first lion と I saw の間に、saw の目的語になる関係代名詞の that が省略されています（▶p. 250）。「私が見た最初のライオンに失望した」は「初めてライオンを見たとき失望した」と言っても事柄は同じです。そこで上の和訳

は意訳しています。

p.p.　原　過去

☒☒ **185. Asked to describe his operation, the Russian general told the interviewer,**

ad | −⑤　^{a}C | ③　a　O　a　S　④　O

現在

"I think it a great success."

S　⑤　O　a　^{n}C

読み下し　Asked to describe his operation, 彼の作戦を説明するように求められて the Russian general told the interviewer, そのロシアの将軍は記者に言った "I think it a great success." 私は作戦は大成功だと思っている

和訳　ロシアの将軍は、今回の作戦を説明するように求められて、記者に言った。「私は作戦は大成功だと思っている。」

「ask 人 to V」は「人にVするように求める」という意味の「⑤ O ^{a}C」です（▶No. 121）。これを受身にすると「人 is asked to V」（人がVするように求められる）となります。ここから asked to V だけを取り出すと、asked は「裸の p.p.」なので「過去分詞形容詞用法」か「分詞構文」のどちらかになります。本文は「時」を表す分詞構文です（▶p. 432）。

どんな語・句・節・文も引用符号でくくると名詞として扱えるようになります。ここは "I think it a great success." が名詞扱いされて told の直接目的語になっています。

現在　現在 p.p.　現在　p.p.

☒☒ **186. Education is [what's left ⟨when you've forgotten all (you**

S　②　C　S　−③　接　S　aux　③　O　S

過去

ever learned.)⟩]

ad　③

読み下し　Education is what's left 教育は残されているものである when you've forgotten 人が忘れてしまったときに all you ever learned. 人がこれまでに学んだすべてのことを

和訳　教育とは、人がそれまでに学んだすべてを忘れたときに残っているものである。

what's は what is または what has の短縮形で、この場合の has は助動詞です。したがって**what's left は what is left と what has left の２つの可能性があります。**本文は前者です。what は関係代名詞で is left の主語です。関係代名詞の what が作る名詞節は what から learned までで、この名詞節が what の直前の is の補語です（▶p. 332）。you've は you have の短縮形です。all は代名詞で forgotten の目的語です。all と you の間に関係代名詞の that が省略されていて、その省略されている that から learned までが形容詞節で all を修飾しています（▶p. 250）。省略されている that は内側で learned の目的語です。ever は「これまでに」という意味の副詞

です。

☒ **187. An elephant can even use its nose to pull up trees 〈when it wants to go through the jungle.〉**
☒

現在 原 原 現在 原
S aux ad ③ a O ad | ③ ad O 接 S ③ O | ① ad

読み下し An elephant can even use its nose 象は鼻を使うことさえできる to pull up trees 木を引き抜くために when it wants to go through the jungle. ジャングルを通り抜けたいと思うとき

和訳 象は鼻を、ジャングルを通り抜けたいときに木を引き抜くためにさえ、使うことができる。

S even V . . . のようにSとVの間に置かれたevenは、「S」と「V」と「. . .」のどれにもかかる可能性があります。Sにかかると「Sでさえも . . .Vする」、Vにかかると「Sは . . .Vさえもする」、. . .にかかると「Sは . . . さえもVする」となります。本文の場合は直前にcanがあるので、主語のAn elephantにかけることはできません（その場合はEven an elephant can . . .「象でさえも . . . できる」となります）。本文ではto pull up treesにかかります。「（水を飲むためとか、木の葉を引きちぎるために使うのはもちろん）木を引き抜くためにさえも」という意味です。日本語にも同様の現象がありますから、「木を引き抜くために」にかかる場合であっても、「象は鼻を、木を引き抜くために使うことさえする」と和訳することができます。なおalso（〜も）、only（〜だけ、〜しか）もevenと同じように使える副詞です。

☒ **188. They succeeded in establishing many colonies.**
☒

過去 ing
S ① 前 n | ③ a O ad

読み下し They succeeded 彼らは成功した in establishing many colonies. 多くの植民地を設立することに

和訳 彼らは多くの植民地を設立することに成功した。

establishingは動名詞で、「前の品詞は名詞、前の働きは前置詞の目的語、後の品詞は動詞、後の働きは③」です（▶p. 363）。

☒ **189. In Japan, people prefer waiting for a table to sitting with people (they don't know.)**
☒

現在 ing ing 現在 原
ad S ③ O | ① ad 前 n | ① ad ad S aux ad ③

読み下し In Japan, 日本では people prefer waiting for a table 人はテーブルを待つことをより好む to sitting with people 人と一緒に座ることより they don't know. 彼らが知らない

和訳 日本人は、知らない人と相席するよりも、テーブルが空くのを待つ方を好む。

prefer A to B（B よりも A を好む）の A と B に動名詞が入っています。people と they の間に関係代名詞の whom が省略されています（▶p. 250）。know の目的語は people ではありません。省略されている関係代名詞の whom です。people と know は「内外断絶の原則」によって構造上は何の関係もありません（▶p. 188）。

☒
☒ **190.** 〈**If** **brought up in a loving family,**〉 **he perhaps would not have been**

p.p.　ing　過去　原　p.p.

接　−③　ad　前　a│③　n　S　文ad　aux　ad　aux　②

he had been
S　aux

ad

the type of person （**who loves to be alone.**）

現在　原

a　ⁿC　S　③　O│②　ᵃC

読み下し If brought up in a loving family, もし愛情深い家族の中で育てられていたら he perhaps would not have been the type of person 彼はおそらく以下のタイプの人にはならなかったであろうに who そのタイプの人は loves to be alone. 一人でいることを愛する

和訳 愛情豊かな家庭で育っていたら、おそらく彼は孤独を愛するタイプにはならなかっただろうに。

If brought up in a loving family は「副詞節の定型的な省略形」です（▶p. 193）。省略しないで書くと If he had been brought up in a loving family となります。**「If S had p.p., S 助動詞の過去形＋have p.p.」は「仮定法過去完了」と言って、「過去の事実と反対のことを仮定して、その帰結を表す表現」です。**実際には、彼は愛情の薄い家庭で育ち、孤独を好むタイプの人だったのです。loving は p. 285 の囲みの 2 です。perhaps は「S＋V の実現性・確実性に対する話者の判断」を表す文修飾副詞です（▶No. 64, 98）。

No. 169 で説明したように、**a kind of . . . には「. . . の一種」「一種の . . .」「ある種の . . .」の 3 つの読み方があり、このうち「一種の . . .」の場合は「. . . は本物ではなく、それに似たもの」です。これに対し a type of . . . は「. . . の一タイプ」と「あるタイプの . . .」の 2 つの読み方しかなく、常に「. . . は本物」**です。a type of . . . には「. . . は本物ではなく、それに似たもの」という可能性はありません。したがって、type に形容詞が付いた**「a 形容詞 type of . . .」の場合も「. . . の形容詞なタイプ」と「形容詞なタイプの . . .」の 2 つの読み方しかなく、常に「. . . は本物」**です。たとえば X is a new type of engine. は「X はエンジンの新しい型だ」か「X は新型のエンジンだ」のどちらかで、どちらの場合も「X は本物のエンジン」なのです。本文は、後者の読み方（＝「a 形容詞 type of」を . . . にかける読み方）の形容詞が形容詞節になって . . . の後ろに回り、「the type of . . . 関係代名詞 (S) + V」になっています。「(S が)

Vするタイプの . . .」という意味です。e.g. This is the type of engine I want.（これが私がほしい型のエンジンです）

lovesが現在形になっているのは、the type of person who loves to be aloneが「時」とは無関係に成立する（＝存在する）人間の類型を表しているからです。こういう現在形の使い方をtimeless presentと言います。「不変の真理を表す現在形」（▶p. 351）もtimeless presentの一つです。be aloneは「① ad」と捉えてもよいです。

Ifを書かないでBrought up in a loving familyにすると「過去分詞の分詞構文」になります。分詞構文の意味は「時・理由・条件・譲歩・付帯状況・言い換え」ですから、これを「条件の分詞構文」にすればIfが付いた場合と同じ意味を表せるように思えます。しかし「過去分詞の分詞構文」が「条件」の意味を表すのは、Compared with . . ., S＋V.（. . . と比べるとS＋V）やAll things considered, S＋V.（すべてのことを考慮するとS＋V）のような特定の決まった形であって、普通は「理由」を表します。たとえばBrought up in Liverpool, he loved the Beatles.（彼はリバプールで育ったので、ビートルズが大好きだった）のような具合です（Broughtは過去分詞形で「前の働きが動詞修飾、後の働きが－③」です）。これを複文にすると、Because he was brought up in Liverpool, he loved the Beatles.になります。したがって、本文からIfを削除してBroughtを過去分詞の分詞構文にすると、意味的にquite oddになります。

ing　p.p.　現在　ing

☒ **191. His chances of being found innocent are diminishing.**
☒ a　S　前　n　－⑤　ªC　①
a

読み下し　His chances of being found innocent 無実だとわかる彼の見込みは are diminishing. 減少しつつある

和訳　彼が無実だとわかる可能性は減りつつある。

ここのchanceは「機会」ではなくて「見込み、可能性」という意味です。being foundは動名詞で、「前の品詞は名詞、前の働きは前置詞の目的語、後の品詞は動詞、後の働きは－⑤」です。being foundの「意味上の主語」はHisつまり「彼」です。being found innocentは「（彼が）無実であるとわかること」です。innocentは「無実の」という意味の形容詞で、前後に被修飾語になる名詞がありませんから補語です。補語が付いているので、受身（＝being found）の動詞型は－⑤です（▶p. 146）。

本文はThe chances of his being found innocent are diminishing. あるいはThe chance that he will be found innocent is diminishing. と言っても同じです。that he will be found innocentはThe chanceと同格の名詞節です。

☒ ☒ **192. In the moment (that I first heard her voice) I realized [that we had found the singer (that we needed.)]**

過去 (heard) / 過去 (realized) / 過去 (had) / p.p. (found) / 過去 (needed)

ad ad S ad ③ a O S ③ O 接 S aux ③ O O S ③

読み下し In the moment その瞬間 that その瞬間に I first heard her voice 私は初めて彼女の声を聞いた I realized that 私は以下のことを悟った we had found the singer 我々は歌手を見つけた that その歌手を we needed. 我々は必要としていた

和訳 私は、初めて彼女の声を聞いた瞬間、これこそ私たちが必要としている歌手だと悟った。

最初の that は関係副詞です。when にすることもできます。In を書かずに the moment I first heard her voice にすると、the moment は転用接続詞で、全体は副詞節で「私が彼女の声を聞くやいなや」という意味になります（In がある場合と意味は同じです）。As soon as I first heard her voice にしても同じ意味を表せます（▶No. 127）。2 番目の that は従属接続詞です。3 番目の that は関係代名詞です。

☒ ☒ **193. It is useless to work hard in order to save money to leave to one's children.**

現在 (is) / 原 (work) / 原 (save) / 原 (leave)

仮S ② ^{a}C 真S ① ad ad ③ O a ③ 前 a ad n

読み下し It is useless それは無駄だ to work hard 一所懸命に働くこと in order to save money お金を貯めるために to leave to one's children 自分の子供に残す

和訳 子供に残すお金を貯めるために一生懸命働くのは無駄だ。

It は仮主語です（▶p. 322）。in order to save については▶p. 219、money to leave については▶p. 292, No. 103, 130, 152。

☒ ☒ **194. I am not accustomed to being treated like that.**

現在 (am) / ing (being) / p.p. (treated)

S ② ad ^{a}C 前 n −③ ad ad

読み下し I am not accustomed 私は慣れていない to being treated like that. そのように扱われることに

和訳 私はそのような扱いを受けるのに慣れていない。

am accustomed は accustom（慣らす）という動詞の受身形ですが、辞書では accustomed は「慣れている」という意味の純粋な形容詞として扱われています。そこで「② ^{a}C」にするのがよいです。be accustomed to . . .（. . . に慣れている）の to は前置詞です。ですから be accustomed to V-ing（Vすることに慣れている）となります（be accustomed to 原形Vという形をたまに見かけますが、これは正用法ではありません）。

being treated は受身動名詞（▶p. 364）で、「前の品詞は名詞、前の働きは前置詞の目的語、後の品詞は動詞、後の働きは－③」です。like は「～のような、～のように」という意味の前置詞です（▶p. 381, No. 35, 66, 中学 22）。

現在　　　　　　　　　　　　過去　　原

☒ **195. Alchemy is a pseudoscience (one of whose aims was to discover**
☒

S　②　^{n}C　　S　前　a　n　②　^{n}C | ③

a

原

[how to make gold from other metals.])

O　ad　③　O　前　a　n

ad

読み下し　Alchemy is a pseudoscience 錬金術は疑似科学である one of whose aims その疑似科学の目的の一つは was to discover 発見することだった how to make gold 金を作る方法を from other metals. ほかの金属から

和訳　錬金術は、ほかの金属から金を作る方法を見つけることを目的の一つとしていた疑似科学である。

決まり通りに、関係詞を訳さず、形容詞節内の主語に「が」を付けて訳すと「錬金術は、目的の一つがほかの金属から金を作る方法を発見することであった疑似科学である」となります。これで問題ありませんが、上の和訳は構造を変えて意訳しています。was to discover は「② ^{n}C」で「発見することだった」という意味です。The alchemist was to discover how to make gold from other metals. であれば、was to は「義務を表す助動詞 be to の過去形」で「錬金術師はほかの金属から金を作る方法を見つけなければならなかった」という意味になります（▶No. 161, 180, p. 375, 385）。

名詞節、形容詞節、副詞節には、それぞれ定型的な省略形があります。このうち「副詞節の定型的な省略形」だけが『黄リー教』に出ています（▶p. 193, No. 190）。**「名詞節の定型的な省略形」は「疑問詞 to V」で、「形容詞節の定型的な省略形」は「前置詞＋関係代名詞 to V」**です。いずれの省略形も to V の前に「S＋be」を補えば、理屈の上では完全な従属節にすることができます。たとえば When angry, count ten before you speak.（怒ったときは、話す前に 10 数えなさい）は When you are angry にすれば、完全な副詞節になります。Tell us when to start.（いつ出発すべきか教えてください）の場合も Tell us when we are to start. とすれば完全な名詞節になります（are to は助動詞 be to ▶p. 96）。

しかし「疑問詞 to V」の場合は、いちいちこのように「S＋be」を補って考えるのは望ましくありません。「S＋be」を補うことによって「予定・義務・可能」の意味が強く出過ぎてしまい、「疑問詞 to V」とニュアンスが違ってしまうことも多いからです。「疑問詞 to V」はこのままで「名詞節の短縮形」として認識し、外側は名詞節に準じて四角いカッコでくくりますが、内側は「疑問詞と V . . . の部分の構造」だけを考えて、完全な文に復元しないことにしてください。

「疑問詞 to V」においては、疑問詞は to V に対して動詞の目的語・前置詞の目的語・補語・副詞のどれかの関係に立ち、to V の主語になることはありません。ですから whom to fight（だれと戦うべきか）は正しいですが who to fight（だれが戦うべきか）は誤りです。

I have no knife with which to sharpen my pencil.（私は鉛筆を削るナイフがない）の場合も、I have no knife with which I am to sharpen my pencil. とすれば完全な形容詞節になります（am to は助動詞 be to）。しかし、「疑問詞 to V」の場合と同じく、いちいちこのように補って考えるのは望ましくありません。「前置詞＋関係代名詞 to V」はこのままで「形容詞節の省略形」として認識し、外側は形容詞節に準じて丸いカッコでくくりますが、内側は「前置詞＋関係代名詞と V . . . の部分の構造」だけを考えて、完全な文に復元しないことにしてください。なお**「前置詞＋関係代名詞 to V」は前置詞を to V の後ろに置いて、関係代名詞を削除すれば「名詞を修飾する不定詞形容詞用法のタイプ 2」になります**（▶p. 292）。I have no knife with which to sharpen my pencil. = I have no knife to sharpen my pencil with. です。

本文は how to make gold from other metals が「名詞節の定型的な省略形」です。how は疑問副詞で make にかかっています。「ほかの金属からどのように金を作るか⇒ほかの金属から金を作る方法」という意味です。

現在　　　原　ing　　　現在

☒☒ **196. Will you children stop arguing about [whose toy that is?]**

aux　S　③　O｜①　前　a　nC　S　②

同格　　　ad

読み下し　Will you children stop さあ子供たちやめなさい arguing about . . . について喧嘩することを whose toy that is? それがだれのおもちゃか

和訳　さあ子供たち、それがだれのおもちゃか喧嘩するの、やめてくれない。

「Will you V . . .?」は疑問文ですが、通常「V してくれませんか？ V しませんか？」という「依頼・勧誘」の意味で使われます（▶p. 266, No. 37）。したがって Will you children stop . . .? は「あなた方、子供たち、. . . をやめてくれない」という意味になります。「さあ子供たち、. . . をやめなさい」を婉曲に言ったのです。children は you を言い換えたもので「同格」です。stop arguing については▶p. 362。argue about . . . は「. . . について口論する、口喧嘩をする」という意味です。whose は toy を修飾する疑問形容詞です。whose toy that is は Whose toy is that?（それはだれのおもちゃですか）を名詞節にした間接疑問文で（▶p. 328）、about の目的語です。about と whose toy は構造上は何の関係もありません。内外断絶しているからです。

過去　原　　　過去　p.p.

☒☒ **197. She would not say [on whose orders she had come.]**

S　aux　ad　③　O 前　a　n　S　aux　①

ad

読み下し　She would not say 彼女はどうしても言おうとしなかった on whose orders she had come. 誰の指令で来たのか

和訳 彼女は誰の指令で来たのかどうしても口を割らなかった。

would not V で「どうしても V しようとしなかった」という「過去の強い否定の意志」を表すことがあります（▶p. 431）。whose は orders を修飾する疑問形容詞です。On whose orders has she come?（彼女はだれの指令で来て、今ここにいるのか）を名詞節にすると、on whose orders she has come となります。これを would not say の目的語にすると、時制の一致によって on whose orders she had come となります。この場合、had come は過去完了の普通用法です（▶p. 169, No. 105, 117）。あるいは On whose orders did she come?（彼女はだれの指令で来たのか）を名詞節にすると、on whose orders she came となります。これを would not say の目的語にすると、「彼女が来た」のは「彼女がどうしても言おうとしなかった時」より前で、「（彼女が）どうしても言おうとしなかった」が「would not say」という単純な過去形（▶p. 154）で表されているので、それよりも時間的に前であることを表すために on whose orders she had come となります。この場合 had come は過去完了の大過去用法です（▶p. 171, No. 137, 138, 178）。この 2 つの解釈はどちらもありえるので、この英文だけでは決められません。say と on whose orders は構造上は何の関係もありません。内外断絶しているからです。

現在 現在
☒☒ **198. There are some real differences between the two teams, but they're**
誘導ad ① a a S 前 a n + S ②
ad

原 現在 原
not easy to rate in terms of [which team will win.]
ad ^{a}C ad ③ ad 前 a S aux ①
a

読み下し There are some real differences いくつかの現実の違いがある between the two teams, その 2 つのチームの間には but しかし they're not easy to rate それらは評価するのが簡単ではない in terms of which team will win. どちらのチームが勝つかという観点から

和訳 両チームの間にはいくつかの実質的な違いがある。しかし、それらの違いは、どちらのチームが勝つかという観点からは、評価しづらい。

they は some real differences を指しています。real differences は substantial differences（実質的な違い）で、ユニフォームの色が違うとか、サポーターの数が違うといったことは real differences ではありません。チームに女性が入っているかいないかとか、選手の年齢が高いか低いかといったようなことが real differences です。

to rate は easy にかかる不定詞副詞用法で、they're not easy to rate は p. 218 の注 2 の形です。形容詞が easy ですから、to rate は「動詞の目的語」が足りない不完全な不定詞で、主語の they が to rate の「意味上の目的語」になります（▶p. 221, No. 99）。「それらの違いは、それらを評価するという点で易しいという性質を持っていない→それらの違いは評価するのが易しくない」という意味です。

in terms of . . . は「. . . の言葉で、. . . に関して、. . . の観点から、. . . に基づいて」という意

味を表します。e.g. Iran must be seen in terms of its oil resources.（イランは石油資源の観点から見なければならない）

which は疑問形容詞で team にかかります。which team will win は「どちらのチームが勝つかということ」という意味の間接疑問文（＝疑問詞あるいは whether あるいは if が作る名詞節 ▶p. 328, 395）で、前置詞 of の目的語になっています。of と which は構造上は何の関係もありません。内外断絶しているからです（▶p. 188）。in terms は to rate にかかる副詞句であって（＝in terms は主節内の副詞句であって）、in terms と will win は構造上は何の関係もありません。内外断絶しているからです。

現在　過去　原

☒ **199.** 〈**While there are many things**（**that he could take into account,**）〉 **this**

☒ 接　誘導ad　①　a　S　O　S　aux　③　ad　S

現在　過去　原

is the standard（**in terms of which he should decide.**）

②　^{n}C　ad　a　S　aux　①

読み下し While there are many things 多くのことがある一方で that その多くのこと he could take into account, 彼は考慮に入れられるであろう this is the standard これが基準である in terms of which その基準に基づいて he should decide. 彼は決定すべきである

和訳 彼には考慮に入れようと思えば入れることができる多くの事柄があるが、これが、彼が決定する際に準拠すべき基準である。

while S＋V という副詞節は「S が V する間に」という「時間の意味」のときもありますが、「S が V する一方で」とか「S が V するのに対して」という「対比の意味」や「S が V するけれども」という「譲歩の意味」を表すこともあります。ここは「対比」あるいは「譲歩」の意味です。he could take は仮定法過去の帰結節の形です（▶p. 226）。「（もし彼が考慮に入れようと思えば）考慮に入れられるであろう」という意味です。

in . . . decide が形容詞節で、the standard にかかっています。ここは the standard を He should decide in terms of the standard.（彼はその基準に基づいて決定すべきだ）という文で説明しているのです。その際、文中の the standard を関係代名詞の which に変え、in terms of which（←「その基準に基づいて」という意味 の副詞句です）の全体を先頭に動かしています（▶p. 245）。したがって the standard と in terms は構造上は何の関係もありません。内外断絶しているからです（▶p. 188）。in terms は形容詞節内で decide にかかる副詞句です。this is the standard in terms of which he should decide. を形容詞節に重点を置いて訳すと「この基準に基づいて、彼は決定すべきである」となります。この訳し方については p. 404, No. 153, 163 を参照。

☒ ☒ **200. For many young people it is not so much the skiing itself as the social life (that goes with it) (that attracts them.)**

現在 (is)　現在 (goes)　現在 (attracts)

前　a　a　n　S　②　^{n}C　n　+　同格　ad

a　^{n}C　S　①　ad　S　③　O

読み下し For many young people 多くの若者にとって it is not so much the skiing itself as the social life それはスキーそれ自体というよりはむしろ社交的生活である that その社交的生活は goes with it スキーに伴う that attracts them. 彼らを惹きつけるのは

和訳 多くの若者にとって、彼らを惹きつけるのは、スキーそれ自体というよりもむしろスキーに伴う社交的生活である。

not so much A as B は、元々は「B と同じくらい、それくらいの程度で A ではない」という意味を表す「同等比較の否定形」ですが、**通常は「A というよりはむしろ B」という意味を表す相関的な等位接続詞として扱われます**（「not so much . . . as が A と B を対等につないでいる」と捉えるのです）。ここは the skiing itself と the social life that goes with it を not so much . . . as で対等につないでいます（skiing と life はどちらも is の補語で等位です）。

itself は再帰代名詞です（▶No. 45, 52, 92, 137, 138, 150）。**再帰代名詞は目的語（＝動詞の目的語か前置詞の目的語）または同格で使います。目的語になるのを再帰用法、同格になるのを強調用法と言います。**ここの itself は強調用法で the skiing と同格です。

最初の that は goes の主語になる関係代名詞で、that goes with it（それと共に行く⇒それに伴う）は形容詞節で the social life にかかります。social life は「社交生活」です。2 番目の that は「強調構文の that」です。英文中の「主語・動詞の目的語・前置詞の目的語・副詞要素」（補語は除く）に焦点を合わせるために、この 4 つを前に出して It is と that ではさむ表現があります。この表現は学校文法では「強調構文」と呼ばれています。最近は「分裂文」（cleft sentence）という英語学の用語で呼ぶ学習参考書が増えています。

強調構文は、学校文法では「It is と that を削除して、残った語句だけで完全な文に読む」ことになっています。削除した It is と that は「単なる枠組み」として扱い、品詞や働きを問題にしません。これとは別に、It を先行詞、that を関係詞とする捉え方もあります。私は 30 年前から前者を「枠組み的捉え方」、後者を「関係詞的捉え方」と呼び、英文によって 2 つの捉え方を使い分けてきました。みなさんは、この表現を強調構文と呼んでも、分裂文と呼んでも、どちらでもいいですが、英語学者ではないのですから、まずは枠組み的捉え方で構造を考えてください（枠組み的捉え方で処理できないときだけ関係詞的捉え方で構造を考えればよいです）。Tom broke the window yesterday.（トムは昨日その窓を壊した）を強調構文にして、枠組み的捉え方で構造を図示すると、次のようになります。

It was Tom that broke the window yesterday.

S　強調　③　O　ad

(昨日その窓を壊したのはトムだった。)

It was the window that Tom broke yesterday.

O　強調　S　③　ad

(昨日トムが壊したのはその窓だった。)

It was yesterday that Tom broke the window.

ad　強調　S　③　O

(トムがその窓を壊したのは昨日だった。)

上の訳し方を見るとわかるように、**強調構文は that 以下を先に訳し、次に that を「のは」と訳し、最後に被強調部分を訳します**。さて、本文は強調構文です。枠組み的捉え方で、It is と 2 番目の that を削除して、残った語句だけを読むと For many young people not so much the skiing itself as the social life that goes with it attracts them. (多くの若者にとって、スキーそれ自体というよりはむしろスキーに伴う社交的生活が彼らを惹きつけるのである) となります。しかし、この英文は odd です。なぜなら主語と主語を not so much . . . as でつなぐことは普通しないからです。そこで関係詞的捉え方で、It を先行詞、that を関係代名詞にすると、冒頭の構造図になります。強調構文の場合、関係詞の先行詞となる It は万能で、「人、物、事、時、場所、方法など」何でも表せます。この英文では「もの」です。そこで it . . . that attracts them を直訳すると「彼らを惹きつけるもの」となります。英文全体を直訳すると「多くの若者にとって、彼らを惹きつける (＝that attracts them) もの (＝it) は、スキーそれ自体というよりもむしろスキーに伴う社交的生活 (＝not so much the skiing itself as the social life that goes with it) である (＝is)」となります。

ちなみに It was Tom that broke the window yesterday. を関係詞的捉え方で読むと、先行詞の It は「人」を表して、次のようになります。

過去　過去

It was Tom (that broke the window yesterday.)

S　②　^{n}C　S　③　O　ad

(昨日その窓を壊した人はトムだった。)

Part 4

ドリル中級

☒
☒

過去　p.p.　p.p.

201. By last week officers had recovered maybe 100 deleted files,

前　a　n　S　aux　③　ad　a　a | −③　O
ad

at least one third of them significant in the bribery investigation.

ad　a　S′　a　ᵃC　ad
being
文ad | ②

読み下し　By last week 先週までには officers had recovered maybe 100 deleted files, 警官たちはおそらく 100 ほどの削除されたファイルを復元していた at least one third of them そのうち少なくとも 3 分の 1 significant in the bribery investigation. 贈収賄の捜査において重要である

和訳　先週までに、警官たちはおそらく 100 ほどの削除されたファイルを復元していた。そのうち少なくとも 3 分の 1 が贈収賄の捜査において重要である。

By については▶ p. 169。had recovered は過去完了の普通用法で、表面的な意味は「完了」です（▶ p. 156, 169, No. 105, 117, 197）。基準時は先週のどこかの時点です。had recovered は、字面上は大過去（＝先週以前、たとえば先々週とか、さらにその前とか）の行動を表していますが、それによって基準時（＝先週のどこかの時点）の状態（＝「100 ほどのファイルが捜査対象になっていた」という状況）を間接的に伝えています。maybe は文修飾副詞で使われることもありますが、ここは語修飾で 100 にかかっています。maybe 100 で「おそらく 100 くらいの」という意味です。

files までで完全な文（▶ p. 186）になっていますから、third（3 分の 1）という名詞は余っています（**one third は「3 分の 1 が 1 つ＝3 分の 1」という意味です。「3 分の 2」は two thirds と言います。thirds の末尾の s は「複数形の s」です**）。名詞が余ったときは「同格・副詞的目的格・being が省略された分詞構文」のどれかであると考えますが（▶ p. 90）、ここは「being が省略された分詞構文」です（▶ p. 216）。them と significant の間に being が省略されていて、

third は being の「意味上の主語」です (「意味上の主語」とはいえ主語ですから、third は余っているように見えるだけで、本当は余っていません)。この分詞構文が表す意味は「付帯状況」です。

☒ ☒ **202. Few men learn to say no to a woman ⟨until they are too old to make it of any consequence to a woman [what they say.]⟩**

(現在: learn / 原: say / 現在: are / 原: make / 現在: say)

a S ③ O | ③ O ad 接 S ② ad ªC ad | ⑤ 仮O 前 a n ªC ad 真O O S ③

読み下し Few men learn to say no to a woman 女性にノーと言えるようになる男はほとんどいない until they are too old 歳を取りすぎるまで to make it of any consequence それを何らかの重要性を持った状態にするのに to a woman 女性に対して what they say. 自分が言うこと

和訳 何を言っても女性から相手にされないような歳になるまでは、女性に対してノーと言えるような男はほとんどいない。

「few 名詞」の few (a few ではなくて few です) を訳す際は、「little 名詞」の little を訳す際と同様、「ほとんどない」と否定的ニュアンスで訳します (▶ p. 381, 454)。

learn to V は「V することを学ぶ」が直訳ですが、しばしば「V するようになる、V できるようになる」という意味で使います。 to say no は「ノーと言うこと」です。

この until は従属接続詞ですが、表している意味は前置詞の until (▶ p. 169) と同じです。they are too old to make は「彼らは make するには歳を取りすぎている→彼らは非常に歳を取っているので make できない」です (▶ p. 228)。it は仮目的語で、真目的語は what they say という名詞節です (▶ p. 322)。

of には「. . . を持っている、. . . を帯びている」という意味があります (▶ No. 50)。たとえば of importance (重要性を帯びている→重要な = important), of use (有用性を持っている→役に立つ = useful) のような具合です。この of の目的語には、このような「性質を表す抽象名詞」が来ることが多いです (そうとは限りませんが)。ここも consequence (重要性) という抽象名詞が of の目的語になっています。of any consequence は「何らかの重要性を帯びている→少しでも重要な」という意味の形容詞句で、to make の補語です。are too old to make it of any consequence to a woman what they say は「自分の言うことが女性に対して何らかの重要性を帯びている状態を生み出すのに、歳を取りすぎている→老齢になって、自分の言うことが、女性には重要に感じられない」という意味で、これを「何を言っても女性から相手にされないような歳になる」と意訳しています。

☒
☒ **203. Children are exposed to such a lot of unexpected things in their daily life 〈that they like those stories (which will take them into a world (where things happen according to patterns.))〉**

読み下し Children are exposed to such a lot of unexpected things 子供はそれほどの多くの予想されない事にさらされている in their daily life 日常生活において that they like those stories それらの話を好むほど which それらの話は will take them into a world 彼らを世界に連れて行く where その世界で things happen according to patterns. 物事はパターンにしたがって起こる

和訳 子供は、日常生活で、とても多くの予期せぬ事にさらされているので、物事がパターンにしたがって起こる世界に自分を連れて行ってくれる話を好むのである。

a lot of . . . や lots of . . . は、a lot of と lots of を 1 つの形容詞句にして、後ろの . . . にかけてください（▶ No. 51, 89, 162, 中学 No. 39）。

p. 193 で so . . . that S＋V を説明しています。so は副詞ですから、「. . .」にある形容詞か副詞にかかります。「. . .」に名詞があって、そこにかけたいときは、so ではなくて、形容詞の such を使います。**such . . . that S＋V は、that S＋V が副詞節で such にかかり、such が . . . にある名詞にかかります**（▶ p. 191）。たとえば He was such a tall boy that everybody noticed him.（彼は、誰もが彼に注目するほど、それほどの背が高い少年だった→彼はとても背が高い少年だったので、誰もが注目した）であれば、such は tall boy にかかります。このかかり方は不定冠詞の前から、不定冠詞を乗り越えて、後ろの名詞にかかっているので、「限定詞が持つ修飾関係切断機能」に対する例外です（▶ p. 94）。本文では such は a lot of unexpected things にかかっています。those stories の those は「先行詞を明示する印の those」ですから、訳出しません（▶ p. 379）。

according to は 2 語で 1 つの前置詞です（▶ p. 409）。「〜によると」と「〜にしたがって」の意味があり、ここでは後者の意味で使われています。

☒
☒ **204. 〈If it was properly explained [that death was nothing but going home to God,]〉 then there would be no fear.**

読み下し If it was properly explained that もし以下のことが正しく説明されるなら death was nothing 死はどんなものでもない but going home to God, 家に、すなわち神のもとに帰ること以外の then そのときは there would be no fear. どんな恐怖も存在しないであろう

和訳 死は神のもとに帰ること以外の何ものでもないことが正しく説明されるなら、どんな恐れもなくなるであろう。

it は仮主語です（▶ p. 322, No. 202）。nothing については▶ p. 78。but は except（～以外は、～を除いて）と同じ意味を表す前置詞です（▶ p. 322）。**S is nothing but . . . は「S は . . . 以外の何ものでもない」が直訳です。「. . .」を高く評価しているときは「S はまさに . . . にほかならない」、「. . .」を低く評価しているときは「S は . . . にすぎない」という意味になります。**

home は going にかかる副詞です。home を具体的に to God で言い換えています。つまり home と to God は同じ内容を表しています。これは副詞を副詞句で言い換えたのであって、名詞を名詞で言い換えたわけではないので「同格」とは言いません。日本語でも「死を視ること帰するが如し（しをみること、きするがごとし）」と言います（元は漢文です）。これは「死ぬことをまるで我が家に帰るかのように何でもないことと捉える」という意味です。then は if 節を受けています。この then は訳さなくてよいです。no については▶ p. 78。

この英文は仮定法過去で書かれています。**仮定法過去は、if 節の述語動詞は「過去形の動詞」または「過去形の助動詞＋原形動詞」になり、主節の述語動詞は「過去形の助動詞＋原形動詞」になります。** if 節内の過去形動詞は、be 動詞の場合は主語の人称・数のいかんを問わず were にするのが本来の形ですが、実際には、この英文のように was も普通に使われます。本文の仮定法過去は p. 226, No. 199 の仮定法過去と同じで、「話し手が、現実の可能性についてどう見ているかを明らかにしないで、単なる想像上のこととして仮定していること」を表します。なお No. 123 の仮定法過去は、「現在の事実に反する仮定と、その帰結」を表しています。would be は仮定法過去の「主節の述語動詞」の形です。

p.p. ing 現在 原

☒☒ **205. 〈Once set going,〉 the malicious program directs the robots to begin**

接 it is S －⑤ ^{a}C ① a S ⑤ O ^{a}C ③

ing

reproducing more robots, carbon copies of the original attacker.

O ③ a O 同格 n 前 a n a

読み下し Once set going, いったん実行されると the malicious program directs the robots その邪悪なプログラムはロボットに命じる to begin reproducing more robots, より多くのロボットを複製することを始めるように carbon copies of the original attacker. 最初の攻撃者のコピー

和訳 その邪悪なプログラムは、いったん起動すると、それらのロボットに対して、より多くの複製を作り始めるように指令を出す。これらの複製は初めの攻撃ロボットのコピーである。

Once は従属接続詞で、Once it is set going（いったんそれが機能している状態にセットされ

ると）という副詞節を作っています。この副詞節から it is が省略されています。これは「副詞節の定型的な省略形」です（▶ p. 193, No. 190, 195）。省略されている it は主節の主語である the malicious program を指します。set は過去分詞形です。go は「（機械・組織・身体などが）機能する」という意味で、「set . . . going」は「. . . を機能している状態にセットする」という意味の「⑤ O ^{a}C」です。

carbon copy は文字通りには「カーボン紙による複写物」です。ここで述べられているロボットの複製には carbon（炭素）は関係しません。carbon copies は比喩として、「うり二つのもの、複製物、コピー」という意味で用いられています。carbon copies は more robots を言い換えたもので、働きは「同格」です。

☒ **206. Having been urged at one time to have his likeness taken, he hid.**
☒

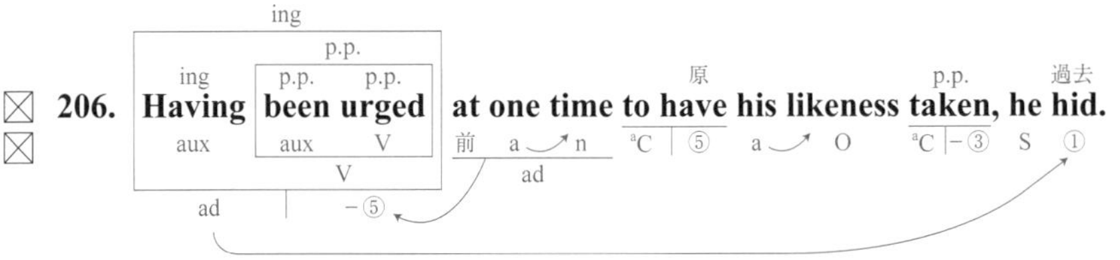

読み下し Having been urged 促された at one time かつて to have his likeness taken, 肖像画を描いてもらうように he hid. 彼は隠れた

和訳 彼は、かつて、肖像画を描いてもらいなさいと促されて、隠れてしまった。

Having been urged は完了受身分詞構文です（▶ p. 210）。p. 230, 366 の英文と比べてください。at one time は「かつて」と「一度に、同時に」の 2 つの意味があります（▶ No. 111）。to have his likeness taken は「肖像画を描かれる、描かせる、描いてもらう」の 3 つの意味があります（▶ p. 428, No. 173）。ここでは「描かせる」または「描いてもらう」という意味です。taken は過去分詞形容詞用法で「前の働き」は補語です（▶ p. 427）。hide（隠れる、隠す）は〔hide–hid–hidden〕という活用です。

☒ **207. What is the good of making suits (which last for twenty years,) ⟨if the fashion will change each spring?⟩**
☒

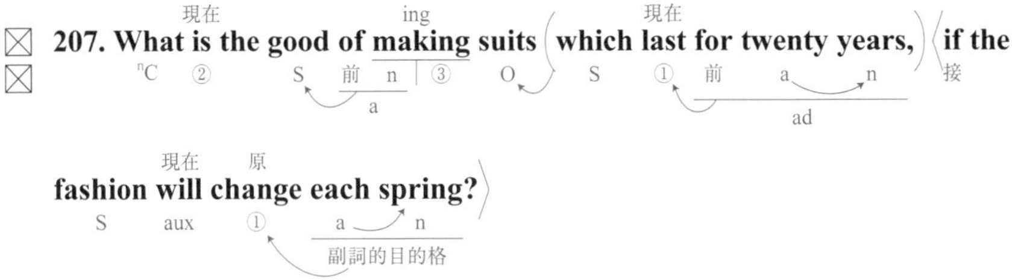

読み下し What is the good of making suits スーツを作ることの利益は何か which そのスーツは last for twenty years, 20 年もつ if the fashion will change each spring? もし流行が春ごとに変わるものなら

和訳 春が来るたびに流行が変わるものなら、20 年もつスーツを作って何になるのか。

goodは「利益」という意味の名詞で、主語です。What is the good of V-ing? は「Vすることの利益は何であるか？」という意味の疑問文ですが、この文では修辞疑問文（▶ p. 140, No. 175）で、イイタイコトは「Vすることには利益はない⇒Vすることは無駄だ」です。lastは「もつ、持続する」という意味の①の動詞です。

「時・条件を表す副詞節の中では、単純未来は現在形で表す」という規則があります（▶ p. 196）。本文のwillは「習性のwill（「〜するものだ」という意味を表すwill）」（▶ p. 283, No. 95）であって、「単純未来のwill（未来のことについて「〜するだろう」と単純に推量しているwill）」ではありません。ですからこの規則の適用がなく、willが使われ、will changeとなっています。

☒
☒ **208. From those (whom they feel to be affectionate) children will put up with [whatever strictness results from genuine desire for their proper development.]**

From those：文ad ／ whom：O ／ they：S ／ feel：現在 ⑤ ／ to be：原 ªC ② ／ affectionate：ªC ／ children：S ／ will：現在 aux ／ put up with：原 ③

whatever：a ／ strictness：S ／ results：現在 ① ／ from：前 ／ genuine：a ／ desire：n ／ for：前 ／ their：a ／ proper：a ／ development：n ／ [whatever ... development]：O ／ from genuine desire：ad ／ for their proper development：a

読み下し From those 人々から whom その人々を they feel to be affectionate 彼らは愛情深いと感じる children will put up with 子供たちは我慢するものだ whatever strictness どんな厳格さでも results from genuine desire 純粋な願望から結果として生じる for their proper development. 彼らの健全な発達を求める

和訳 子供たちは、自分を愛してくれていると感じる人たちから与えられるなら、彼らの健全な発達を望む純粋な願望から来るどんな厳格さでも耐えるものだ。

those whom S + V（SがVする人々）については▶ p. 255, No. 81, 180。From those whom . . . は「もし . . . な人々からなら」という意味の「条件を表す副詞句」で、副詞節で書くとIf it is from those whom . . .（もしそれが . . . な人々から来るなら）となります。affectionateはaffectionate to them（彼らに対して愛情深い）という意味です。

willは「習性のwill」です（▶ p. 283, No. 95, 207）。**put up withは「我慢する、耐える」という意味の「③の群動詞」です。**1語ずつ品詞分解すれば、putは動詞で①、upは副詞、withは前置詞です。

このwhateverは複合関係形容詞で、名詞節を作っています（▶ p. 339, No. 169）。内側でwhateverはstrictnessにかかっています。strictnessはresultsの主語です。和訳すると「. . . から結果として生じるどんな厳格さでも」になります。この日本語は「. . . から結果として生じる」が「どんな厳格さ」にかかっています。この日本語の構造をそのまま英語に移して「results from . . . developmentが形容詞節でwhatever strictnessにかかる」と考える人がいます。これは間違いです。これだとstrictnessとresultsの間にresultsの主語になる「主格の関係代名詞」が省略されていることになります。しかし「主格の関係代名詞」は特別な定型的な場合でなければ省略されません。それに、もしそうならwhateverを関係詞と呼ぶはずがありません。

これは英文の構造が和訳と一致しない表現なのです。日本語の構造をそのまま英語に移すとFrom those whom they feel to be affectionate children will put up with any strictness that results from genuine desire for their proper development. となります（▶ No. 169）。

過去 ing 過去 p.p. p.p.

☒ **209. A dead rabbit was lying in the road; it had been run over by a car.**

☒ a S ① ad S aux −③ ad

読み下し A dead rabbit was lying 死んだ兎が横たわっていた in the road; 道路に it had been run over by a car. それは車にひかれたのだ

和訳 道路に死んだ兎が横たわっていた。車にひかれたのだ。

『コンパスローズ英和辞典』（研究社）の road の項目に次の記述があります。「There was a dead cat on the road. 路上に猫が死んでいた. 語法 on は単に『道路上で』の意味だが、in を使った場合は『道路に入り込んで』『じゃまになって』という気持ちが強い」

run over . . . は「. . . の上を走る→. . . をひく」という意味です。この over は前置詞ですから、構造は「① 副詞句」です。したがって、これは受身にできないはずです。しかし、実際には「. . . is run over（. . . がひかれる）」という受身が出てきます。これは run と over を目に見えない透明なハイフンでつないで run over という 1 つの他動詞にしているのです。こういう動詞を「群動詞」と言います（▶ p. 60）。run over の動詞型は③です。すると run over . . . は「③ O」という構造になるので、. . . を主語にして受身にできるのです（これを「群動詞の受身」といいます。▶ No. 155）。had been run over は「had が助動詞・過去形、been が助動詞・過去分詞形、run over が動詞・過去分詞形」です。**over はもはや前置詞ではありません。run over という動詞（ここでは過去分詞形の動詞）のつづりの一部です。**たとえば become という動詞のつづりの一部が be で、つづりの一部が come であるのと同じです。run over という動詞のつづりの一部が run で、つづりの一部が over なのです。become の be と come の間にはハイフンがなく、run over の run と over の間には透明なハイフンがある点が違うだけです。it had been run over by a car を見て「前置詞 over の目的語が足りない」と騒ぐのは、He must have lain for hours.（彼は何時間も身を伏せていたに違いない）を見て「前置詞 in の目的語が足りない」と騒ぐようなものです。学校文法の捉え方では、受身の場合は「be 助動詞」と「過去分詞形の動詞」を合わせて「受身を表す 1 つの動詞」として扱います（▶ p. 128）。したがって、had been run over を学校文法の捉え方で扱うと「had が助動詞・過去形、been run over が動詞・過去分詞形で −③」です。

ここでは過去分詞形の動詞 run over を受身で使っていますが、これを過去分詞形容詞用法で使い、名詞にかけると a rabbit run over by a car（車にひかれた兎）のような表現を作ることができます。この場合の run over は「1 つの動詞の過去分詞形」で「前の品詞が形容詞、前の働きが名詞修飾、後の品詞が動詞、後の働きが −③」です。なお、以上の説明を読んで「そうか、run over は『①＋前置詞』ではなくて『③の群動詞』なんだ」と考えて「The car in front of me run over a dog.（私の前を走っていた車が犬をひいた）の run over は、まとめて③

にしなければいけない」と考える人がいます。こう考える必要はありません。run over は③として使えるというだけのことで、本来は「①＋前置詞」なのです。ですから、この英文は「run が過去形・述語動詞・①で、over が前置詞、over a dog は副詞句で run にかかる」と考えてよいし、実際、そうすればいいのです（もちろん run over を「過去形・述語動詞・③」と考えてもかまいません）。ただ、A dog was run over by the car in front of me. という受身の文が出てきたら、was run ではなく、was run over を「過去形・述語動詞・－③」としなければいけません（つまり run over を群動詞の過去分詞形と扱わなければいけません）。

なお、頭が混乱するので、ここまで言及を避けてきましたが、run over . . . （. . . をひく）の over を前置詞ではなくて副詞と考える人（native speaker の中に）もいるのです。たとえば「私の前を走っていた車が犬をひいた」を The car in front of me run a dog over. と言う人がいます。この人は over を副詞と考えているのです。こういう人は「私の前を走っていた車がそれをひいた」を The car in front of me run it over. と言います。しかし、over を前置詞と考える人は当然 The car in front of me run over it. と言います。これは「厳密には前置詞が正しいが、副詞も間違いではない」とされています。

☒ **210. From the nineteen sixties to the nineteen seventies, popular music**
☒
ad　ad　a　S

過去　p.p.　p.p.
was dominated by the Beatles — a band blessed with innumerable hits and
－③　ad　同格　a｜－③　前　a　n　＋　ad

過去　原　p.p.
popularity among enthusiastic fans so great ⟨ they could have sold a
n　前　a　n　ad　a　a　that　接　S　aux　aux　③

過去　p.p.
recording of their talking in their sleep ⟨ if they had wanted to. ⟩ ⟩
O　前　a　n　前　a　n　a　a　接　S　aux　③　sell it　O｜③　O

読み下し　From the nineteen sixties to the nineteen seventies, 1960 年代から 70 年代にかけて popular music was dominated by the Beatles ポピュラーミュージックはビートルズによって支配された — a band これはバンドである blessed with innumerable hits 無数のヒット曲に恵まれ and popularity among enthusiastic fans そして熱狂的なファンの間に人気を持った so great それほど大きな they could have sold a recording of their talking in their sleep 寝言のレコードさえ売ることができたであろうほど if they had wanted to. もし彼らがそうしたかったなら

和訳　1960 年代から 70 年代にかけて、ポピュラーミュージックはビートルズによって支配された。このバンドは、膨大な数のヒットを飛ばし、その気になれば、寝言を録音したレコードでも売れたであろうほど絶大な人気を熱狂的なファンの間に持っていた。

the Beatles を a band blessed with . . . (. . . に恵まれたバンド) で言い換えています。a band の働きは「同格」です。with の目的語は hits と popularity で、この 2 つは and でつながれています。

so great は popularity を修飾しています。so great popularity . . . that S + V と書くことも可能です。so great that S + V (S が V するほど、それほど大きな) から従属接続詞の that が省略されています。**このように so . . . that S+V (▶ p. 193, No. 101) はしばしば that が省略されて so . . . S+V になります。**

a recording of . . . は「. . . を録音したレコード」です。文脈から、a recording には even (でさえも) が意味の上で付きます。if they had wanted to sell it から sell it が省略されて「不定詞の to」だけが残っています。このように**「不定詞から原形動詞が省略されて to だけが残ったもの」を「代不定詞」と言います。**

they could have sold a recording of their talking in their sleep if they had wanted to は仮定法過去完了で「過去の事実に反する仮定とその帰結」を表しています。実際には「ビートルズはそのようなことは望まなかったし、そのようなレコードは売らなかった」のです。

☒ ☒ **211. I went through the day with a stunned consciousness, ↑ unable to believe [what had happened.]**

(went: 過去 ①; I: S; through the day: ad; with: 前; a: a; stunned: → consciousness; consciousness: n; with a stunned consciousness: ad; ↑ being: ad ②, ᵃC; unable: ᵃC; to believe: ad, 原 ③; [what had happened]: O; what: S; had: 過去 aux; happened: p.p. ①)

読み下し I went through the day 私はその日を通り抜けた with a stunned consciousness, 茫然とした意識状態で unable to believe 信じられずに what had happened. 起こったことを

和訳 私は、起こったことを信じられず、茫然とした意識状態で、その日を過ごした。

stun は「仰天させる、茫然とさせる」という意味の③の動詞です。stunned は stun の過去分詞形で「前が形容詞で consciousness にかかり、後が動詞で－③」です。辞書には stunned は「唖然、愕然、茫然としている」という意味の形容詞として挙げられているので、純粋な形容詞と考えてもよいです。

unable の前には being が省略されています (▶ p. 216, No. 201)。省略されている being は「付帯状況」を表す分詞構文です。「何が起こったかわからない or 知らない」は成立しますが、「何が起こったか信じられない」は意味的に成立しません。ですからここの what は関係代名詞です。

☒ ☒ **212. [Who's to blame] is being investigated by two separate research teams.**

([Who's to blame]: S; Who: S; 's: 現在 aux; blame: 原 ③; is: 現在; being: ing; investigated: p.p.; is being investigated: －③; by: 前; two: a; separate: a; research teams: n; by two separate research teams: ad)

読み下し　Who's to blame 誰が悪いのかということ is being investigated 調査されつつある by two separate research teams. 2つの別の調査チームによって

和訳　誰に責任があるのか、現在2つの別の調査チームが調べている。

本文の Who's は Who is の短縮形です。Who は疑問代名詞で Who's to blame は間接疑問文です。**blame は「blame 人 for 事柄（事柄のことで人を非難する）」あるいは「blame 事柄 on 人（事柄の責任を人に負わせる）」という形で使う③の動詞です。**

ところが「人 is to blame.（人が非難されるべきである→人が悪い）」という表現でもよく使われます。これは is to が「義務」を表す助動詞 be to で、blame が能動態でありながら受動態（＝be blamed）の意味（＝非難される）を表す特殊な表現です。つまり**「人 is to blame.」は表面的には「目的語が足りない能動態（＝S aux ③）」ですが、意味的には「人 is to be blamed.」という「受動態（＝S aux －③）」を表しているのです。**この表現は必ず「人 is to blame.」であって、「人 is to be blamed.」にすると誤りになります。

is being investigated は受身進行形です（▶ p. 134, No. 85, 109）。それに対して、The benefit of going into this university hospital is being investigated by two separate research teams.（この大学病院に入院する利点は、2つの別の診断チームによる検査を受けられることである）の場合は、is が「現在形・述語動詞・②」で、being investigated が動名詞で「前の働きが補語、後の働きが－③」です。

現在　ing　現在

☒ **213. Perhaps many of the stars have planets revolving round them 〈as has**
☒

文ad　S　a　③　O　a　①　ad　接　③

現在　原　ing

our Sun,〉 but this we cannot tell, their distances being so great.

a　S　＋　O　S　aux　ad　③　a　S′　文ad ②　ad　^{a}C

読み下し　Perhaps many of the stars have planets ことによるとそれらの恒星の多くは惑星を持っているかもしれない revolving round them それらの周囲を回っている as has our Sun, 我々の太陽が持っているのと同じように but しかし this we cannot tell, これは我々にはわからない their distances being so great. それらの距離が非常に大きいので

和訳　ことによるとそれらの恒星の多くは、我々の太陽と同じように、周囲を回っている惑星を持っているかもしれない。しかし、これは我々にはわからない。そこまでの距離が非常に大きいからである。

この Perhaps の働きは「文修飾」です（▶ No. 64, 98, 190）。**many of the stars は「それらの恒星の多く」です。これを「多くの恒星」と訳してはいけません**（▶ No. 133, 136）。star（恒星）は「自ら光を発している天体」です。revolving は現在分詞形容詞用法で planets にかかります（▶ p. 282）。なお、過去分詞形容詞用法が後から名詞にかかる形については▶ No. 141, 155, 179。

as has our Sun は as our Sun has planets revolving round it（我々の太陽が、周囲を回ってい

る惑星を持っているのと同じように）という副詞節の省略・倒置形です。「同じように」という意味を表す従属接続詞 as が作る副詞節の中では、しばしば「繰り返しを避けるための省略」が起こります。その場合に、主語が長くて動詞が短いと、V+S という倒置がよく起こります（▶ No. 134）。e.g. She should be punished, as should all the other girls in the class.（彼女はクラスのほかのすべての少女と同じく罰せられるべきだ）本文は必ずしも主語が長いわけではありませんが、倒置しています。this we cannot tell は we cannot tell this が倒置しています。this は many of the stars have planets revolving round them as has our Sun を指しています。cannot の not を tell にかけていることについては▶中学 21。

their distances being so great は独立分詞構文（=「意味上の主語」が付いた分詞構文）です（▶ p. 214, No. 103, 116, 131）。表している意味は「理由」です。

☒☒ **214. From the standpoint of a man (who has ten years' experience,) it is easy to see [what mistakes are being made.]**

読み下し From the standpoint of a man 人の見地からすると who その人は has ten years' experience, 10 年の経験を持っている it is easy to see 見ることは易しい what mistakes どんな間違いが are being made. 犯されつつあるのか

和訳 10 年の経験を持っている人から見ると、どんな間違いが犯されつつあるのか知ることは易しい。

ten years' については▶ p. 31。「仮主語」、「真主語」については▶ p. 322, No. 151, 204。what . . . made は「疑問形容詞の what」が作る名詞節です（▶ p. 399）。are being made は受身進行形です（▶ p. 134, No. 85, 109, 212）。

☒☒ **215. For education to succeed there must always be a certain freshness in the knowledge dealt with.**

読み下し For education to succeed 教育が成功するためには there must always be a certain freshness 常にある程度の新鮮さがなければならない in the knowledge dealt with. 扱われる知識に

和訳 教育が成功するためには、扱われる知識に、ある程度の新しさが常になければならない。

For education to succeed は「目的の意味（～するために）」を表す不定詞副詞用法に「意味上の主語」が付いた形です（▶ p. 223）。In order for education to succeed と言ってもよいです。certain は**「a certain 名詞」という形で「ある程度の、多少の名詞」という意味を表す**使い方です。

deal with the knowledge（その知識を扱う）は「① 前置詞 名詞」です。この捉え方をしている限り、第 1 動詞型ですから受身にできません。ところが、deal with を 1 つの「③の群動詞」と捉えると「③ O」の第 3 動詞型になるので、受身にすることができます。The knowledge is dealt with.（その知識が扱われる）となります。構造は knowledge が主語で、is dealt with が「現在形・述語動詞・−③」です（▶ No. 155, 209）。dealt with は deal with という 1 つの動詞の過去分詞形です。with はもはや前置詞ではありません。dealt with という過去分詞形の動詞のつづりの一部（＝後半部分）にすぎません。The knowledge is dealt with. から助動詞の is を消去すると、dealt with は「裸の p.p.」になるので、過去分詞形容詞用法か分詞構文のどちらかになります。過去分詞形容詞用法にして the knowledge にかけると、the knowledge dealt with（扱われる知識 / 扱われた知識）になります（▶ p. 423, No. 141, 155, 179）。dealt with は「1 つの動詞の過去分詞形」で、「前の品詞は形容詞、前の働きは名詞修飾、後の品詞は動詞、後の働きは−③」です。これが本文の形です。

☒
☒ **216. In January 1972 Mao Zedong spent weeks in bed, his breathing so labored ⟨he could not even cough,⟩ but he refused treatment.**

（spent: 過去 / could: 過去 / cough: 原 / refused: 過去）

In January 1972: ad / Mao Zedong: S / spent: ③ / weeks: O / in bed: ad / his: a / breathing: S′ / (being: 文ad ②) / so: ad / labored: ^{a}C / he: S / could: aux / not: ad / even: ad / cough: ① / but: + / he: S / refused: ③ / treatment: O

読み下し　In January 1972 1972 年 1 月 Mao Zedong spent weeks in bed, 毛沢東は数週間病床にあった his breathing so labored 彼の呼吸はそれほど負担が重くなっていた he could not even cough, 咳をすることさえできないほど but he refused treatment. しかし彼は治療を拒んだ

和訳　1972 年 1 月、毛沢東は数週間病床にあった。彼は呼吸困難で咳もできないほどだったが、治療は拒否した。

labor は①と③で使い、③のときは「. . . に重荷を負わせる、. . . に負担をかける、. . . を苦しめる」という意味です。一方、英和中辞典には出ていないようですが、Webster 大辞典には次のように出ています。

labored *adj*: produced or performed with labor ⟨breathing of the men . . . seemed immensely loud and labored — Irwin Shaw⟩

labored 形容詞：苦心して作り出された、遂行された ⟨その男たちの呼吸は . . . ひどくぜいぜいして苦しそうに見えた―アーウィン・ショー⟩

したがって、His breathing was so labored that he could not even cough. の was labored の部分は「受身の過去形動詞で−③」と捉えることもできますし、「② ^{a}C」と捉えることもでき

ます。この英文を独立分詞構文（＝意味上の主語が付いた分詞構文▶ p. 214, No. 103, 116, 131, 213）にすると、前者の捉え方だと（＝labored を過去分詞形の動詞と捉えると）、his breathing so labored that he could not even cough となります。labored は「過去分詞の分詞構文」で「前の品詞が副詞、前の働きが文修飾、後の品詞が動詞、後の働きが－③」です。後者の捉え方だと（＝labored を形容詞と捉えると）、his breathing being so labored that he could not even cough となります。being は「現在分詞の分詞構文」で「前の品詞が副詞、前の働きが文修飾、後の品詞が動詞、後の働きが②」で、labored は形容詞で being の補語です。ここから being を省略すると「being が省略された分詞構文」（▶ p. 216, No. 201, 211）になり、his breathing so labored that he could not even cough という本文の形になります。his breathing は余っているように見えますが、本当は余っておらず「labored の意味上の主語」あるいは「省略された being の意味上の主語」です。どちらで構造を捉えてもかまいません。構造図は後者の捉え方（＝being が省略された分詞構文）で描いてあります。

so . . . that S＋V の従属接続詞 that はしばしば省略されます（▶ No. 210）。本文でも labored と he の間に省略されています。could not については▶中学 21。but は Mao Zedong spent weeks in bed という文と he refused treatment という文をつないでいます。

☒☒ **217. Dogs are always pleading for a long walk, something that the elderly cannot always give them, much as they would like to.**

take them for a long walk

読み下し Dogs are always pleading for a long walk, 犬は長い散歩をいつもせがむ something それはものだ that そのものを the elderly cannot always give them, 年配者はいつも彼らに与えられるわけではない much as they would like to. 彼らはそうしたいと大いに望んでいるのだが

和訳 犬は長い散歩をいつもせがむが、それは、年配の飼い主が、ぜひ連れて行ってやりたいと思っているにもかかわらず、いつも連れて行けるとは限らないものである。

are always pleading は「反復的動作」を表す進行形です（▶ p. 112, No. 85）。Dogs are always pleading for a long walk は「完全な文」（▶ p. 186）ですから、カンマ後の something という名詞は余っています。名詞が余ったときの考え方は「同格、副詞的目的格、being が省略された分詞構文のどれか」です（▶ p. 90）。ここは「同格」で、something は直前の a long walk と同格です。

「the 形容詞」で「形容詞な人々」という意味を表すことがあります。 e.g. the rich ＝ rich

people（お金持ちの人々）/ the poor ＝ poor people（貧しい人々） elderly は「年配の、お年寄りの」という意味の形容詞で、the elderly は「年配の人々」という意味の複数名詞として扱われます。cannot については▶中学 21。

従属接続詞は従属節の先頭に置くのが大原則です（▶ p. 189）。しかし、これには例外があり、その代表は「**譲歩の意味を表す従属接続詞 as の前に名詞 or 形容詞 or 副詞が出る**」表現です。この場合の as は though と同じ意味を表しています。e.g. Rich as he is, he is not happy.（彼は金持ちだが、幸せではない）この表現は「as の前に出る名詞は単数・無冠詞にする」とか「as の前に形容詞 or 副詞を出すときは、その形容詞 or 副詞の前にもう一つ as を置くことがある」とか「though も、この as と同じ使い方をすることがある」とか「as の前に原形動詞を出すことがあり、その場合は、同じ譲歩であっても、though ではなくて however. . .（どんなに . . . でも）の意味になる」とか、いろいろ付随する問題があります。本文はこの表現で、副詞の much が as の前に出ています。as much as they would like to と言うこともあります（これは、この譲歩表現が元々は比較構文から派生したものであるからで、特にアメリカ英語によく見られます）。though を使えば though they would like to very much になります。なお **much as S＋V は、much が as S＋V にかかって「S＋V と大体同じように」という意味を表すこともあります**（▶『学校で教えてくれない英文法』p. 28）。

they would like to の to は代不定詞（＝原形動詞が省略されて to だけが残った不定詞）です（▶ No. 210）。完全な不定詞に復元すると they would like to take them for a long walk となりますが、実際にこう書いたら冗長で不自然ですので、to の後は省略します。would like to V（できれば V したい）の would は仮定法過去の婉曲用法です（▶ No. 37, 43, 171, 中学 20）。

現在　　　　　　　　　　　　　　　　　　現在
☒ **218. Some conflicts are of such long standing** ⟨**that generations may**
☒ a　S　②　前　a　a　n　接　S　aux
^{a}C

原　p.p.　原
be needed to heal the wounds.⟩
−③　ad　③　O

読み下し Some conflicts 一部の紛争は are of such long standing それほどの長い期間を帯びている that generations may be needed 何世代もが必要とされるかもしれないほど to heal the wounds. 傷を癒すために

和訳 紛争の中には、非常に長期にわたって継続しているので、傷を癒すために何世代も要するかもしれないものもある。

「Some 複数名詞＋V.」は、「複数名詞の数が数個、数人である」ことがはっきりしていれば「いくつかの複数名詞が V する」と訳すことができます。しかし、それがはっきりしていないときは「一部の複数名詞が V する」あるいは「複数名詞の中には、V するものがある・人がいる」という訳し方をします（▶ No. 165）。この of は「. . . を持っている、. . . を帯びている」

という意味です（▶ No. 50, 202）。standing は「（継続）期間」という意味の不可算名詞で、of long standing（長い継続期間を帯びている→長期にわたっている）というフレーズでよく用いられます。e.g. Their engagement was of long standing.（彼らの婚約期間は長期にわたっていた）of such long standing は「それほどの長い期間を帯びている」という意味の形容詞句で、are の補語になっています。

「such 形容詞＋名詞 that S＋V」の that S＋V は副詞節で such にかかります（▶ p. 191, No. 203）。「S が V するほど、それほどの形容詞な名詞」という意味で、これは「非常に形容詞な名詞なので S が V する」のように前から意訳することが多いです。

219. ⟨**The more widely a new method of English learning is applied,**⟩ **the greater the possibility** [**that someone will criticize it.**]

読み下し The more widely a new method of English learning is applied, 英語学習の新しい方法がより広く適用されればされるほど the greater the possibility that 以下の可能性がますます大きくなる someone will criticize it. だれかがそれを批判する

和訳 英語学習の新しい方法がより広く適用されればされるほど、だれかがそれを批判する可能性がますます大きくなる。

「The 比較級 S_1+V_1, the 比較級 S_2+V_2.（S_1 が V_1 すればするほど、ますます S_2 は V_2 する）」は、前半の「The 比較級 S_1+V_1」が副詞節で、後半の「the 比較級 S_2+V_2」が主節です。この the はどちらも定冠詞ではなくて特殊な副詞です（最初の The は関係副詞で、後の the は指示副詞です）。構造図を描くときは、the については品詞も働きも書かなくてよいです。

「The 比較級 S_1+V_1, the 比較級 S_2+V_2.」においては、前半の副詞節でも、後半の主節でも、be 動詞の省略がよく起こります。本文は後半の主節内で the greater と the possibility の間に is が省略されていて、the greater が補語、省略された is が②、the possibility が主語です。もし the possibility に同格名詞節が付いていなければ、is を補う位置は the possibility の後です（the greater the possibility is となります）。しかし、本文のように主語に同格名詞節が付いて主部が長くなっているときは、主語の前に be 動詞を補います。

the greater を possibility にかけることはできません。possibility に付いている定冠詞の the が修飾関係を切断しているからです（▶ p. 93）。the possibility that S＋V は「S＋V という見込み、可能性」という意味で、that S＋V は the possibility と同格の名詞節です（▶ p. 323, 354, 357, 369, No. 142, 160, 183, 191）。

☒ ☒ **220. To the test pilot becoming an astronaut was simply being transferred from one office to another.**

ing　過去　ing　p.p.
ad　S | ②　^{n}C　②　ad　^{n}C | −③
前　a　n　ad
ad

読み下し　To the test pilot そのテストパイロットにとって becoming an astronaut 宇宙飛行士になることは was simply being transferred 単に移されることだった from one office to another. ある職務から別の職務に

和訳　そのテストパイロットにとって、宇宙飛行士になることは単にある職務から別の職務に転任させられることだった。

この the test pilot は空軍のテストパイロット（試験飛行操縦士）です。**was simply being transferred は「過去進行形」と「② ^{n}C」の２つの可能性があります。**前者の場合は、was は「進行形を作る be 助動詞」の過去形で、being transferred は受身の現在分詞です。構造は、学校文法の捉え方をすると、was being transferred が「過去形・述語動詞・−③」です。「単に移されつつあった」という意味になります（▶ p. 134, No. 85, 109, 212, 214）。後者の場合は、was は be 動詞で「過去形・述語動詞・②」、being transferred は受身の動名詞です。構造は、学校文法の捉え方をすると、being transferred が「ing 形・準動詞」で「前の品詞が名詞、前の働きが補語、後の品詞が動詞、後の働きが−③」です。「単に移されることだった」という意味になります。どちらになるかは文脈（特に主語にどんな名詞が来ているか）によって決まります。この英文では、主語が becoming an astronaut（宇宙飛行士になること）ですから、過去進行形では意味が通りません。

simply は「名詞を修飾できる副詞」で、ここでは being transferred の「前の品詞（＝名詞）」にかかっています。to の後の another は代名詞です。another だけでは中身が何かわかりませんが、前に one office と出ているので、another office のことを「代名詞の another」で済ませたのだとわかります（▶ No. 175）。

☒ ☒ **221. Be careful not to let the ease (with which you read an English textbook) prevent you from perfecting your use of the language.**

原　原　現在
②　^{a}C　ad　ad | ⑤　O　ad　S　③　O
You
S
原　ing
^{a}C | ③　O　前　n | ③　a　O　a
ad

読み下し　Be careful not to let 許さないように注意しなさい the ease その簡単さが with which その簡単さで you read an English textbook あなたは英語の教科書を読む prevent you あなたを妨げるのを from perfecting your use of the language. その言語のあなたの使用を完全にすることから

和訳 英語の教科書を簡単に読めるからといって、それによって英語の使い方にさらに磨きをかけることが妨げられることのないように注意しなさい。

Be careful not to let the ease . . . prevent . . . は「. . . の簡単さが . . . を妨げる状態を引き起こさないように注意しなさい」という意味です（▶ p. 300）。不定詞を否定する not は to の直前に置くので not to let となります（▶ p. 222, No. 113, 121）。この not to let は不定詞副詞用法で、p. 218 の「方向（〜する方向に、〜する点で）」の意味を表します。

「**with＋様態を表す抽象名詞＝様態を表す副詞**」（▶ p. 253）ですので、with ease = easily（簡単に）です（ちなみに at ease は「気楽に、くつろいで」という意味の形容詞句です）。そこで the ease with which you read an English textbook を前から語順のままに読み下すと、「the ease →その簡単さ→ with which →その簡単さで（＝簡単に）→ you read an English textbook →あなたは英語の教科書を読む」となります。和訳するときは「前置詞＋関係代名詞」を訳出しないのが原則ですから、「あなたが英語の教科書を読む簡単さ」となります。これでもよいですが、少し手を加えて「あなたが英語の教科書を読む際の簡単さ」にしてもよいです。

prevent 人 from V-ing は「V することから人を妨げる→人が V するのを妨げる」という意味です。perfecting your use of the language を直訳すると、「その言語のあなたの使用を完全にすること」となります。the language は English を指します。文全体を直訳すると、「英語の教科書を読む簡単さが、その言語の使用を完全にするのを妨げる状態を引き起こさないように注意しなさい」となります。この直訳に基づいて「英語の教科書を簡単に読めるからといって、それによって英語の使い方にさらに磨きをかけることが妨げられることのないように注意しなさい」のような意訳を工夫します。

☒☒ **222.** ⟨**If international meetings and solemn pledges were**《過去》 **all** (**it took**《過去》 **to solve**《原》 **the environmental crisis,**)⟩ **everything would**《過去》 **be**《原》 **fine by now.**

接 a S ＋ a S ② ^{n}C S ③ ad ③ / a O / S aux ② ^{a}C ad

読み下し If international meetings and solemn pledges were all もし国家間の話し合いと勿体ぶった約束がすべてであるなら it took to solve the environmental crisis, 環境危機を解決するために状況が必要とする everything would be fine by now. 今頃までには何もかもうまくいっているだろうに

和訳 もし国家間の話し合いと勿体ぶった約束だけで環境危機を解決できるなら、今頃までには何もかもうまくいっているだろうに。

all と it の間に「took の目的語になる関係代名詞の that」が省略されていて、it took to solve the environmental crisis は形容詞節で all を修飾しています。この英文は仮定法過去で書いてあって、if 節の述語動詞が「過去形動詞（＝were）」、主節の述語動詞が「過去形助動詞＋原形

動詞（＝would be）」になっています。この仮定法過去は「現在の事実に反する仮定と、その帰結」を表しています（▶ No. 123）。

it took to solve は 2 つの可能性があります。一つは「it が仮主語で、to solve が不定詞名詞用法で真主語」という可能性です。もう一つは「it が『状況の it』（▶中学 28）で主語、to solve は『目的の意味』を表す不定詞副詞用法で took にかかる」という可能性です。どちらで解釈してもかまいません。上の構造図は後者で描いてあります。

後者で直訳すると「もし国家間の話し合いと勿体ぶった約束が、環境危機を解決するために状況が必要とするすべてであるなら」となります。「状況が必要とするすべて」ということは「これのほかは必要ない＝これだけで足りる」ということですから、「もし国家間の話し合いと勿体ぶった約束だけが、環境危機を解決するために状況が必要とするものであるなら」と意訳することができます（▶ p. 382, No. 167, 181）。これをさらに翻訳調に変えて「もし国家間の話し合いと勿体ぶった約束だけで環境危機を解決できるなら」としたのが前ページの和訳です。by now については▶ p. 169。

☒☒ **223. At no other time has there been such a strong need for innovative problem solving. Essential to doing this is having a diversity of viewpoints.**

現在 (has)　p.p. (been)
前 a a n aux 誘導ad ① a a S 前 a
ad　　a
ing (doing)　現在 (is)　ing (having)
n　ªC 前 n | ③ O ② S | ③ a O
ad

読み下し At no other time ほかのどんなときにも has there been such a strong need このような強い必要性が存在したことはなかった for innovative problem solving 革新的な問題解決に対する / Essential to doing this これを行なうことにとって不可欠である is having a diversity of viewpoints. 様々な視点を持つことは

和訳 これまでにほかのどんなときにも、革新的な問題解決に対するこのような強い必要性が存在したことはなかった。これを行なうのに不可欠なのは、様々な視点を持つことである。

no については▶ p. 78。文頭に At no other time という「否定の意味の副詞句」が出ているので、S＋V は has there been such a strong need という「疑問文の語順（▶ p. 79）と同じ倒置形」になっています（▶ p. 176）。has been は「経験」の意味の現在完了です。字面上は「ほかの（＝現在以外の＝過去の）どんなときにも存在しなかった」という過去のことを言っていますが、過去のことを、過去形ではなく現在完了で言うことによって、「今回が初めてだ」という現在の状態を表しています（▶ p. 156）。such（そのような、このような、あのような）は不定冠詞の前から strong need にかかります（▶ p. 94）。この solving は形容詞（＝innovative）によって修飾されています。ですから動名詞ではなく「解決」という意味の純粋な名詞です（▶ p. 372）。

essential は「必要不可欠なもの、最重要事項」という意味の名詞としても使いますが、その場合は可算名詞で、たいていは essentials という複数形になります。本文の Essential は形容詞です。働きは「名詞修飾か補語」のどちらかです。文頭にあり、直後には名詞ではなく前置詞が来ていますから「名詞修飾」ではありません。すると「補語」です。文頭の形容詞が補語になるのは「Being が省略された分詞構文」(▶ p. 216) が有力ですが、もしそうなら Essential to doing this の後が「完全な文」になります。is having a diversity of viewpoints を「完全な文」として読むのは理屈ではありえますが、このような表現は実際には存在せず、意味も通りません。ここは倒置構文で Essential が補語、is が②、having が動名詞で「前の品詞は名詞、前の働きは主語、後の品詞は動詞、後の働きは③」です。普通の語順で書けば Having a diversity of viewpoints is essential to doing this. (様々な視点を持つことは、これをすることにとって不可欠である) となります。ここは this が直前の innovative problem solving を指しているので、Essential to doing this を先に出して、主語の having a diversity of viewpoints を後に置いて、ここを焦点化したのです。これは「**文末焦点**」と呼ばれる現象です。a diversity of は「様々な」という意味の形容詞句で、後ろの名詞にかかります。

☒
☒ **224. Increasing the displeasure, dissatisfaction and even despair of the nation is the knowledge [that they will be unable to correct this situation even by a change of government.]**

読み下し Increasing the displeasure, dissatisfaction and even despair of the nation 国民の苛立ち、不満、さらには失望さえも増大させているのは is the knowledge that 彼らが以下のことを知っていることである they will be unable to correct this situation 彼らはこの事態を是正できないであろう even by a change of government. 政権交代によってさえも

和訳 国民が苛立ちや不満や、さらには失望感さえも増大させているのは、たとえ政権が交代してもこの事態を是正できないであろうということがわかっているからである。

「V-ing . . . is 名詞.」という形は、通常は「S ② ^{n}C」です。すなわち文頭の V-ing は「動名詞で主語」であるのが普通です。しかし、この英文では Increasing = the knowledge (増大させること = 知識) が成立しないので「S ② ^{n}C」ではありません。これは「進行形の倒置」です。通常の語順で書けば The knowledge that they will be unable to correct this situation even by a change of government is increasing the displeasure, dissatisfaction and even despair of the nation. となるところを、現在分詞の increasing を文頭に出して倒置させています。ですから is は、be 動詞ではなくて、be 助動詞です。これは、国民の間に不満、失望が生じていることを前提にして「それを増大させているものは何か」に焦点を合わせるために the knowledge that . . . を後ろに回したのです (「文末焦点」と言われている現象です▶ No. 223)。そこで、い

わゆる強調構文（＝分裂文）と同じように「V しているのは名詞だ」という訳し方をします（▶ No. 200）。もし「V-ing . . . is 名詞.」が「S ② ^{n}C」であれば「V することは名詞だ」という和訳になります（▶ No. 220）。そういう次第ですから、Increasing the displeasure, dissatisfaction . . . を読んでいる段階では「おそらく『動名詞で主語』か『分詞構文』のどちらかだろう」と思っていて、is the knowledge を見て「あっ！ 進行形の倒置だ」とわかるのです。

the displeasure, dissatisfaction and even despair of the nation は「ひし形の共通関係」です。the が共通の頭で、displeasure と dissatisfaction と even despair が 3 つに分かれた胴体で and でつながれ、of the nation が共通の尻尾です。

the knowledge that S＋V は、通常は「S が V するという知識」という意味ですが、ここは「S が V することを知っていること」という意味を表します。これは know that S＋V（S が V することを知っている）を名詞化した表現なので、一般に「名詞構文」と呼ばれています。 that they will . . . は名詞節で the knowledge と同格です（▶ p. 323, 354, 357, 369, No. 142, 160, 183, 191, 219）。なお、「だれが知っているか」は、前に所有格を置いて one's knowledge とするか、所有を表す of を後に付けて the knowledge of . . . として示します。ここではそれが省略されていますが、「知っている」の「意味上の主語」は the nation（国民）です。

☒
☒ **225. How I have laughed to think [what a simple old fellow he must be to take a pride in showing [how he toiled in his early life!]]**

読み下し How I have laughed 私はどんなに笑ったことか to think 考えて what a simple old fellow he must be 彼はいかに単純な老人であるに違いないか to take a pride in showing 示すことに誇りを持っているとは how he toiled in his early life! 若い頃どのように苦労したかを

和訳 若い頃いかに苦労したかを人に話すことに誇りを持っているとは、彼はなんと単純な老人なのだろうと考えて、私はどんなに笑ったことか。

How は感嘆副詞です。**How が作る感嘆文は、通常は「How 形容詞 or 副詞 S＋V!」という形になります**（▶ p. 403）。**しかし、副詞が much の場合には How much S＋V!（なんてたくさん S が V することか）と言わずに How S＋V! で済ませることがあります。** e.g. How I'm looking forward to summer vacation!（私はなんと夏休みを楽しみにしていることか）How I have laughed は How much I have laughed（私はなんてたくさん笑ったことか）という意味です。この現在完了は「結果」の意味です。過去の行動（＝笑った）を現在完了で表現することによって、現在の状態（＝今も愉快に思っていること）を表しています。

to think は「感情の原因」を表す不定詞副詞用法です（▶ p. 218）。what は感嘆形容詞で a simple old fellow にかかっています（▶ p. 94）。what . . . life は間接感嘆文です（▶ p. 330,

400)。old fellow は「君、お前」という意味で、親しみを込めて若い人に使うこともあります。しかし、ここは後の his early life (彼の若い頃) から考えて「老人」という意味です。must は「違いない」という推量の意味です (▶ p. 164)。to take は「判断の根拠」を表す不定詞副詞用法です (▶ p. 218)。

2 番目の how は 2 つの可能性があります。一つは疑問副詞で how . . . life は間接疑問文という可能性です (▶ p. 328, 403)。この how は toiled にかかっていて「様態」を表しています。how S + V で「どのように S が V するか (ということ)」という意味です。もう一つは感嘆副詞で how . . . life は間接感嘆文という可能性です。この場合の how は文頭の How と同じで how much の省略形です。how S + V で「いかにたくさん S が V するか (ということ)」という意味です。前者の場合は「苦労の様態」を自慢したことになり、後者の場合は「苦労の量」を自慢したことになります。この 2 つは事柄が違いますが、どちらでも意味が通るので、この英文だけからは判断がつきません。どちらも正解です。上の構造図は疑問副詞にしています。ただし和訳は「どのように苦労したか」ではなく「いかに苦労したか」と訳しています。この日本語は様態にも量にも解釈できます。

現在 現在

☒ ☒ **226. [What most ordinary Japanese regret] is [that the traditional**

S O a a S ③ ② C 接 a

過去 過去 p.p. 現在 p.p.

customs (they believed [had had no equal in the world]) are gone forever.]

S S ③ O aux ③ a O ad aux ① ad

which S　that 接

読み下し What most ordinary Japanese regret 大部分の普通の日本人が残念に思っていることは is that 以下のことである the traditional customs they believed had had no equal in the world これまでに世界に比類がないと彼らが信じていた伝統的な習慣が are gone forever. 永久に去ってしまった

和訳 大部分の普通の日本人が残念に思っていることは、これまでに世界で比類がないと彼らが信じていた伝統的な習慣が永久に失われてしまったということである。

most ordinary Japanese は、most を副詞と考えて ordinary にかけると「最も普通の日本人」という意味になりますが、この場合は定冠詞が付いて the most ordinary Japanese になります。most を形容詞と考えて Japanese にかけると「大部分の普通の日本人」という意味になります。この場合は定冠詞が付きません。本文は後者の意味です。

the traditional customs を They believed that the traditional customs had had no equal in the world. (彼らはその伝統的な習慣はこれまでに世界に比類がないと信じていた) という文で説明するときは、説明文中の the traditional customs (← had had の主語) を関係代名詞の which に変えて先頭に動かします。次に従属接続詞の that を省略します (この場合は従属接続詞の that を省略するのが正用法とされています)。すると which they believed had had no equal in the world になります。これで説明文（＝形容詞節）が完成です。これを the traditional customs の後に置くと、the traditional customs which they believed had had no equal in the world（これまでに世界に比類がないと彼らが信じていた伝統的な習慣）となります。このように**「関係詞が導く従属節の内側に、もう一つ別の従属節があり、関係詞がその『もう一つ別の従属節』の内側で働く現象」を「関係詞連鎖」と言い、そのような関係詞節を「連鎖関係詞節」と言います**。ここは、which が導く形容詞節の内側に、that が導く名詞節があり（ただし that は省略されています）、which はその that 節の内側で had had の主語になっているのです（that 節内の主語である which が that 節の外に動いているので「内外断絶の原則」（▶ p. 188）が破られています。**関係詞連鎖は「内外断絶の原則」に対する重要な例外です**）。易しい例文を挙げると、He is one man who I know is trustworthy.（彼は私が信頼できると知っている男です）も同じ構造です（I know that the man is trustworthy. の the man を who に置き換えて、先頭に動かし、that を省略して形容詞節にしています）。

「内側で主語になっている関係代名詞」は省略できないのが原則ですが、特定の形では例外的に省略できます。関係詞連鎖は例外の一つです。**連鎖関係詞節では「内側で主語になっている関係代名詞」でも省略できるのです**。本文はこの形で、the traditional customs which they believed had had no equal in the world から which が省略されています。もし the traditional customs they believed had had no equal in the world の they believed を形容詞節にして the traditional customs にかけると、「彼らが信じていた伝統的な習慣はそれまでに世界に比類がなかった」となって、the traditional customs という主語に had（← 2 番目の had）と gone という 2 つの述語動詞があり、間につなぐ等位接続詞がないことになります。この状態は「2 つの V のルール」に違反します（▶ p. 325）。自分の読み方が「2 つの V のルール」に違反したときは、「どちらかは述語動詞ではないのでは？」あるいは「どちらも述語動詞だとしたら、主語が異なるのでは？」と考えます（▶ p. 325）。ここでは、had は過去形の助動詞（＝最初の had）が付いているので絶対に述語動詞で（▶ p. 73, 74）、gone は現在形の助動詞（＝are）が付いているので絶対に述語動詞です（▶ p. 74）。したがって「had と gone は主語が異なるのでは？」と考えます。正解は、had の主語が「customs と they の間に省略されている関係代名詞の which」で、gone の主語が the traditional customs です。are gone については▶ p. 142。

過去 過去
☒ **227.** 〈**Although the police were convinced** (of) [**that the mob was**
☒ 接 S ② ªC ad 接 S ②

過去 原
responsible,]〉 **they found it difficult to pin down** [**by whom the**
ªC S ⑤ 仮O ªC 真O ③ ad O ad

ing p.p. 過去 p.p. p.p.
wounded victims being treated in hospital had been attacked.]
a S a −③ ad aux −③

読み下し Although the police were convinced that 警察は以下のことを確信していたが the mob was responsible, 暴徒に責任があること they found it difficult to pin down 彼らは突きとめることは難しいとわかった by whom だれによって the wounded victims being treated in hospital 病院で治療されている負傷した被害者が had been attacked. 暴行を受けたか

和訳 警察は暴徒の犯行であることを確信していたが、病院で治療を受けている負傷した被害者がだれに暴行を受けたか突きとめるのは難しかった。

the police は複数として扱われます。convinced は辞書には「確信している」という意味の形容詞として出ています。be convinced of . . .（. . . について確信している）の . . . に that 節が入ると of は省略されます（▶ p. 322, No. 165, 172）。it は仮目的語です（▶ p. 322, No. 202）。pin down は「③ ad」で「はっきりさせる、突きとめる」という意味です。whom は疑問代名詞で by whom . . . attacked は間接疑問文です（▶ p. 392）。wound は「傷つける」という意味の③の動詞ですが、wounded は辞書には「傷つけられた、負傷した」という意味の形容詞として出ています。being treated は現在分詞形容詞用法で the wounded victims にかかっています（▶ p. 282, 306, No. 213）。had been attacked は過去完了の普通用法、大過去用法のどちらにも解釈できます（▶ p.169, 171）。

☒ ☒ **228. The Russian commander of the special military operation justified the action by claiming [that the Ukrainian army had begun killing pro-Russian residents] and [that a full-scale attack had been necessary to save them.]**

過去
228. The Russian commander of the special military operation justified the
a S 前 a a n ③
a

ing 過去 p.p. ing
action by claiming [that the Ukrainian army had begun killing pro-Russian
O 前 n | ③ O 接 S aux ③ O | ③ a
ad

過去 p.p. 原
residents] and [that a full-scale attack had been necessary to save them.]
O + O 接 a S aux ② aC ad | ③ O

読み下し The Russian commander of the special military operation 特別軍事作戦のロシアの指揮官は justified the action 行動を正当化した by claiming that 以下のことを主張することによって the Ukrainian army had begun killing pro-Russian residents ウクライナ軍は親ロ派住民を殺すことを始めていた and そして that a full-scale attack had been necessary to save them. 彼らを救うために全面的な攻撃が必要だったのだ

和訳 特別軍事作戦のロシア軍指揮官は、ウクライナ軍は親ロ派住民の殺戮を始めていて、彼らを救うためには全面的な攻撃が必要だったのだと主張して、行動を正当化した。

「S ③ that S_1+V_1 and S_2+V_2.」には 2 つの可能性があります。一つは「and が S_1+V_1 と S_2+V_2 をつないでいて、that S_1+V_1 and S_2+V_2 の全体が名詞節で③の目的語になっている」可能性です。もう一つは「and が S ③と S_2+V_2 をつないでいて、that S_1+V_1 の部分のみが名詞節で③の目的語になっている」可能性です。**前者であることをはっきりさせるためには、S_2+V_2 の前にもう一つ that を置いて「S ③ that S_1+V_1 and that S_2+V_2.」にします。**こうする

と and は that $S_1 + V_1$ と that $S_2 + V_2$ をつないでいて、that $S_1 + V_1$ と that $S_2 + V_2$ はどちらも名詞節で③の目的語になります。これが本文の形です。to save them は necessary にかけてもよいですが、ここは . . . that to save them, a full-scale attack had been necessary と書くこともできるので、been にかけた方がよいでしょう。

☒☒ **229. It is perhaps the greatest folly (of which a nation can be guilty)**

現在 (is)　現在 (can)　原 (be)

仮S ②　文ad　a ^{n}C　ad　S　aux ②　^{a}C

to attempt to use poverty as a sort of punishment for offences (that it does

原 (attempt)　原 (use)　現在 (does)

真S | ③　O | ③　O　前　a　n　a　S　aux

ad

not send people to prison for.)

原 (send)

ad　③　O　ad　ad

読み下し　It is perhaps the greatest folly それはおそらく最大の愚行であろう of which その愚行を a nation can be guilty 国家は犯す可能性がある to attempt to use poverty 貧困を使うことを試みること as a sort of punishment for offences 不品行に対する一種の罰として that その不品行 it does not send people to prison 国家は人々を刑務所に送らない for. 理由として

和訳　不品行の中には、それを犯しても刑務所に送られることのないものがある。そういう不品行に対して貧困を一種の刑罰として用いようとすることは、おそらく、国家が犯しうる最大の愚行であろう。

It は仮主語で、to attempt が真主語です（▶ p. 322, No. 151, 204, 214）。最初の形容詞節内には be guilty of . . .（. . . を犯す、. . . で有罪である）が使われています。

a sort of . . . や a kind of . . . は、of . . . を a sort, a kind にかけて「. . . の一種」と読む場合と、a sort of, a kind of を . . . にかけて「一種の . . . / ある種の . . .」と読む場合があります。これは文脈によって判断しますが、「厳密には . . . とは言えない場合」は「一種の . . .」という読み方になります（▶ No. 169）。この英文の場合「貧困は、厳密には罰ではないが、あたかも罰のように作用する」と捉えているので、「罰の一種」「ある種の罰」ではなく、「一種の罰」と読むのが正解です。

It does not send people to prison for offences.（国家は不品行を理由にして人を刑務所に送ることをしない）という文の offences を関係代名詞の that に変えて、that を前に出すと、that it does not send people to prison for となります。この文（＝形容詞節）によって offences を説明しているのです。基本通りに、関係代名詞の that とそれに付いている前置詞の for を訳出せず、形容詞節内の主語の it に「が」を付けて訳すと、「国家が人を刑務所に送らない不品行」となります（▶ p. 247）。これでも意味はわかりますが、もう少しわかりやすく意訳すると上のような和訳になります。怠惰やアルコール中毒や過度のギャンブルなどは社会的に非難される行為ですが、これを理由に刑務所に送られることはありません。しかし、こういう人たちは多くの場合、社会的に落後して貧困状態に陥ります。そして、国家は、これを自業自得として放置して、救いの手を差し伸べない傾向があります。ところが、こうすると、こういう人たちの家族（特に子供）は何の罪もないのに苦しむことになり、その苦しみは本人（＝怠惰やアルコール中毒や過度のギャンブルなどに陥る人）よりもずっと大きいものになります。また、貧困は社会の不安を増大させ、治安や経済にも悪影響を及ぼします。ですから、こういう人が貧困に陥るのを国家が黙視する（←これが to use poverty as a sort of punishment ということです）のは最大の愚行だ、と筆者は言いたいのです。この英文だけだと、ほかの意味にも取れますが、この英文は40年ほど前に、ある短期大学で出題された文章の冒頭の第1文で、この後を読むと、以上のような意味だとわかるのです。

☒ ☒ **230. The General Staff Office's biggest concern was the Kwantung Army's not being under the control of the central authorities. The Chief of the General Staff ordered the deputy to gather any intelligence officers suspected might show signs of the disobedience of the Kwantung Army.**

読み下し The General Staff Office's biggest concern 参謀本部の最大の心配事は was the Kwantung Army's not being under the control of the central authorities. 関東軍が中央の統制に服さないことであった / The Chief of the General Staff ordered the deputy 参謀総長は次長に命じた to gather any intelligence どんな情報も集めるように officers suspected 部員が疑う might show signs of the disobedience of the Kwantung Army. 関東軍の不服従の徴候を示しているかもしれないと

和訳 参謀本部の最大の懸念事項は関東軍が中央の統制に服さないことであった。参謀総長は参謀次長に対し、関東軍暴走の徴候を示しているかもしれないと部員が疑う情報を細大漏らさず集めるように指示した。

the Kwantung Army's は所有格で、動名詞（＝being）の「意味上の主語」です（▶ p. 368）。Officers suspect that the intelligence might show signs of the disobedience of the Kwantung Army.（その情報は関東軍の不服従の徴候を示しているかもしれないと部員が疑う）という英

文の the intelligence (← might show の主語) を関係代名詞の which に置き換えて、先頭に動かすと、which officers suspect that might show signs of the disobedience of the Kwantung Army となります。ここから従属接続詞の that を省略すると (省略するのが正用法です ▶ No. 226)、which officers suspect might show signs of the disobedience of the Kwantung Army となります。これで形容詞節が完成します。これを intelligence の後に置くと intelligence を修飾できます。any intelligence which officers suspect might show signs of the disobedience of the Kwantung Army (関東軍の不服従の徴候を示しているかもしれないと部員が疑うどんな情報も) となります (関係代名詞は which でもいいですが、先行詞に any が付いているので that の方がよいです)。この形容詞節は連鎖関係詞節です (▶ No. 226)。連鎖関係詞節では「内側で主語になっている関係代名詞」でも省略することができます。そこで which を省略したのが本文です。

なお、intelligence と officers をつなげて The Chief of the General Staff ordered the deputy to gather any intelligence officers (参謀総長は、参謀次長に対し、どの情報将校も集合させるように命じた) と読むことはできません。こう読むと、この後に続く suspected might show signs of the disobedience of the Kwantung Army の構造を説明することができません。

☒
☒ **231. We know [what it is to have our own right to this or that denied or ignored by others.] But what exactly is it that is being violated or wrongly denied? Is it something (we acquire) or something (we inherit at birth?)**

読み下し We know what it is 我々はそれが何であるかを知っている to have our own right to this or that denied or ignored by others あれやこれやに対する自分自身の権利が他人によって否定されたり無視されたりすること / But しかし what exactly is it それは正確に何なのだろうか that is being violated or wrongly denied? 侵害されたり、不当に否定されたりしているのは / Is it something we acquire それは何か我々が獲得したものであるのか or あるいは something we inherit at birth? 何か我々が生まれたときに受け継ぐものであるのか

和訳 我々は、あれやこれやに対する自分の権利が他人によって否定されたり無視されたりすることがどういうことかを知っている。しかし、侵害されたり、不当に否定されたりしているのは、正確に何なのだろうか。それは何か我々が後天的に獲得するものであるのか。あるいは、何か我々が生まれながらに受け継ぐものであるのか。

have our own right to this or that denied or ignored by others は「have 名詞 p.p.」の形で、第 5 動詞型です（▶ p. 428, No. 173, 206）。ここは「無意志」で「名詞を p.p. される」という意味です。ここは「ひし形の共通関係」です。have our own right to this or that が共通の頭で、denied と ignored が 2 つに分かれた胴体で or でつながれ、by others が共通の尻尾です（▶ No. 224）。

exactly は疑問詞にかける用法があります。その場合は疑問形容詞、疑問副詞に限らず、疑問代名詞にもかかります。本文とは違う形ですが、**間接疑問文の前に exactly を置くこともよくあり、この場合は疑問詞にかけても、間接疑問文全体にかけても、どちらでもよいです。**本文の exactly は疑問代名詞の what にかかっています。「正確に何」という意味です。

強調したい部分（正確には「焦点化したい部分」）を前に出して It is と that ではさむ「It is . . . that 〜の強調構文」は No. 200 で説明しました。再確認しましょう。たとえば、You bought the book on Friday.（君は金曜日にその本を買った）の on Friday を強調すると、It was on Friday that you bought the book.（君がその本を買ったのは金曜日だった）となります。ところで、これを疑問文にすると、Was it on Friday that you bought the book?（君がその本を買ったのは金曜日でしたか？）となります。ここで注意してほしいのは、**疑問文のときに「疑問文の語順」**（▶ p. 79）**にするのは「It is . . . that 〜」の It is の部分であって（ここを Is it にする）、「〜」の部分は疑問文の語順にしない（してはいけない）**という点です。つまり you bought the book はこのままであって、ここを did you buy the book のような疑問文の語順にはしないのです。次に on Friday の部分がわからないので「いつ？」と尋ねるときは、on Friday を疑問副詞の when に変えて、文頭に出します。すると When was it that you bought the book?（君がその本を買ったのはいつでしたか？）となります。すなわち**「疑問詞を強調する構文」は「疑問詞 is it that 〜?」という形になる**のです。この場合も「〜」の部分は疑問文の語順にならないことに注意してください。

それでは原文に戻りましょう。この英文はまず「我々は、あれやこれやに対する自分の権利が他人によって否定されたり無視されたりすることがどういうことかを知っている」と言い、次に「しかし」と言って what exactly is it that is being violated or wrongly denied? という疑問文が続きます。この疑問文は「疑問詞を強調する強調構文」です。そこで、これを普通の疑問文に戻すと What exactly is being violated or wrongly denied? となります。この疑問文は、次の 2 つの読み方があります（▶ No. 212）。

(a) **What exactly is being violated or wrongly denied?**

S ad −③ + ad −③

（正確に何が侵害されたり、不当に否定されたりしているのか？）

(a) の読み方の場合、is は進行形を作る be 助動詞で、being は受身を作る be 助動詞です。本文は「自分の権利が他人によって否定されたり無視されたりする」という文脈ですから、What の中身は「権利として保護される利益」で、「正確にどんな利益が侵害されたり、不当に否定されたりしているのか？」という意味の疑問文になります。答えは、たとえば「我々の財産です」とか「我々のプライバシーです」となります。

(b) **What exactly is being violated or wrongly denied?**

S ad ② ^{n}C | −③ + ad −③

（正確に何が、侵害されること、あるいは不当に否定されることなのか？）

(b) の読み方の場合、is は be 動詞で「現在形・述語動詞・②」です。being violated と being denied は受身動名詞で、「前の品詞は名詞、前の働きは補語、後の品詞は動詞、後の働きは−③」です。この場合 What の中身は、「権利として保護される利益」ではなく、「利益の上に起こること」です。「正確に何が起こることが、権利が侵害されること、あるいは不当に否定されることなのか？」という意味の疑問文になります。答えは、たとえば「財産を奪われることです」とか「プライバシーに干渉されることです」となります。

次に、What exactly を「It is . . . that 〜」の強調構文で強調してみましょう。すると次のようになります。

(c) **What exactly is it that is being violated or wrongly denied?**

S ad 強調 −③ + ad −③

（侵害されたり、不当に否定されたりしているのは、正確に何ですか？）

この和訳は、このままでもわかりやすい日本語ですが、What の中身を表に出して訳すと「侵害されたり、不当に否定されたりしているのは、正確にどんな利益ですか？」となって、よりわかりやすくなります。

(d) **What exactly is it that is being violated or wrongly denied?**

S ad 強調 ② ^{n}C | −③ + ad −③

（侵害されること、あるいは不当に否定されることであるのは、正確に何ですか？）

この和訳はわかりにくい日本語です。そこで、What の中身を表に出して訳すと「権利を侵害されること、あるいは不当に否定されることであるのは、正確に何が起こることですか？」となって、少しわかりやすくなります。「ことであるのは」を「ことは」に変えて、「権利を侵害されること、あるいは不当に否定されることは、正確に何が起こることですか？」にすると、さらにわかりやすくなります。

しかし、この最後の訳は being violated or wrongly denied を主語、What を補語にした (e) あるいは (f) に対する直訳であって、厳密には (d) とは違う構造の英文に対する和訳になっています。つまり (d) に対する和訳としては意訳なのです。

(e) **What exactly is being violated or wrongly denied?**

^{n}C ad ② S | −③ + ad −③

(f) **What exactly is it being violated or wrongly denied?**

^{n}C ad ② 仮S 真S | −③ + ad −③

これに対して「いや、そんなことはない。次のような構造（＝g）で捉えれば、この『わかりやすくなった和訳（＝権利を侵害されること、あるいは不当に否定されることは、正確に何が起こることですか？）』は直訳と言える」と主張する人がいます。

(g) ***What exactly is it that is being violated or wrongly denied?**

^{n}C ad 強調 ② S | −③ + ad −③

しかし、このような構造の捉え方は２つの点で不可能なのです。一つは「is being violated or wrongly denied を疑問文の語順として捉えていること」です。これが許されないことは前述しました。もう一つは「補語（＝What）を it is と that ではさんでいること（実際には What は疑問詞ですから it is の前に出て、it is は is it になっています）」です。これも No. 200 で説明したように、「**it is と that ではさんで強調できるのは主語・動詞の目的語・前置詞の目的語・副詞要素であって、補語は強調できない**」のです。したがって（d）を「（権利を）侵害されること、あるいは不当に否定されることは、正確に何（が起こること）ですか？」と和訳してかまいませんが、この訳は決して（d）の直訳ではない（＝構造を変えて訳した意訳である）ということです。

さて、以上の説明でおわかりになったと思いますが、What exactly is it that is being violated or wrongly denied? という英文には（c）と（d）の２つの読み方があり、どちらが正解であるかは文脈によって決まるのです。

本文の場合は、次に Is it something we acquire or something we inherit at birth?（それは何か我々が獲得したものであるのか？ あるいは、何か我々が生まれながらに受け継ぐものであるのか？）と続きます。これは明らかに「権利として保護される利益」について尋ねているのです。ですから本文の is being violated or wrongly denied は「受身進行形」（＝c）に決まるのです（▶ p. 134, No. 85, 109, 212, 214）。

Is it something we acquire or something we inherit at birth? は疑問文ですが、anything ではなくて、something を使っています。anything we acquire は事柄としては everything we acquire と同じで、それを individually に捉えて（＝個別的に、１つ１つに着目して）言っているだけです。ですから Is it anything we acquire? にすると「それ（＝今侵害されつつあるもの）は、どれであるにせよ、我々が後天的に獲得したあらゆるものだろうか？」という意味になります。それに対して Is it something we acquire ? は「それ（＝今侵害されつつあるもの）は、我々が後天的に獲得した（ものの中の）何かだろうか？」という意味です。

現在 現在 原 p.p.

☒☒ **232. We know [what it is to have our own right to this or that denied**

S ③ O ⁿC 仮S② 真S | ⑤ a a O 前 n + n a ᵃC | −③

p.p. 現在 ing p.p.

or ignored by others.] But what exactly is it that is being violated or

+ ᵃC | −③ ad + S ad 強調 ② ⁿC | −③ +

p.p. 現在 原

wrongly denied? Does something happen to our rights 〈when they

ad −③ aux S ① ad 接 S

現在 p.p. 現在 ing 現在 p.p. p.p.

are violated?〉 Or is saying [that our rights have been violated] simply

−③ + ② S | ③ O 接 a S aux −③ ad

原

a way to criticize someone else's action?

ⁿC a | ③ a O

読み下し We know what it is 我々はそれが何であるかを知っている to have our own right to this or that denied or ignored by others あれやこれやに対する自分自身の権利が他人によって否定されたり無視されたりすること / But しかし what exactly is it それは正確に何なのだろうか that is being violated or wrongly denied? 侵害されること、あるいは不当に否定されることであるのは / Does something happen to our rights 何かが我々の権利に起こるのだろうか when they are violated? それらが侵害されるときに / Or あるいは is saying that 以下のように言うことは our rights have been violated 我々の権利が侵害された simply a way 単に方法なのだろうか to criticize someone else's action? 誰かほかの人の行動を批判する

和訳 我々は、あれやこれやに対する自分の権利が他人によって否定されたり無視されたりすることがどういうことかを知っている。しかし、侵害されたり、不当に否定されたりするということは正確にどういうことなのだろうか。権利が侵害されるとき、何かが我々の権利に起こるのだろうか？ それとも、権利が侵害されたと主張することは、単に誰かほかの人の行動を批判する方法に過ぎないのだろうか？

What exactly is it that is being violated or wrongly denied? に 2 つの読み方があり、どちらが正解であるかは文脈によって決まることは、No. 231 の解説で詳しく説明しました。本文の場合は次に Does something happen to our rights when they are violated? Or is saying that our rights have been violated simply a way to criticize someone else's action? (権利が侵害されるとき、何かが我々の権利に起こるのだろうか？ それとも、権利が侵害されたと主張することは、単に誰かほかの人の行動を批判する方法に過ぎないのだろうか？) と続きます。これは明らかに「権利として保護される利益」について尋ねているのではなくて、「利益の上に起こること」すなわち「侵害されること、あるいは不当に否定されること」自体について、それがどういうことなのか (たとえば、「何が起こるのか」とか「どういう性質のことなのか」) につ

いて尋ねているのです。ですから本文の is being violated or wrongly denied は「② ^{n}C」すなわち No. 231 の解説の (d) の読み方に決まるのです (No. 220 と同じ読み方です)。この点をもう少し詳しく説明しましょう。次の 3 つの英文を比べてください。

(1) **What is lost from our rights when they are violated?**
(我々の権利が侵害されるとき、何が我々の権利から失われるのか ?)

(2) **What happens to our rights when they are violated?**
(我々の権利が侵害されるとき、何が我々の権利に起こるのか ?)

(3) **Does something happen to our rights when they are violated?**
(我々の権利が侵害されるとき、何<u>か</u>が我々の権利に起こるのか ?)

(1) は「権利として保護される利益」について尋ねています。ですから (1) が後に続いたら、No. 231 と同様に (c) の読み方 (＝受身進行形の読み方) が正解になります。(2) は「権利として保護される利益」について尋ねているとも取れるし、「侵害行為自体」について尋ねているようにも取れます。ですから、(2) が後に続いたら (c) と (d) のどちらが正解か、これだけではわかりません。(3) は明らかに「侵害行為自体」について尋ねています。ですから (3) が後に続いたら、(d) の読み方 (＝「② ^{n}C」の読み方) が正解です。(2) と (3) を比べると、英語表現ははっきり違いますが、日本語表現は表面的に極めて近似している (＝「か」が入るか入らないかの違いしかない) ことに注目してください。

余談ですが、**日本語は、このように「か」が入るか否かで意味 (＝表している事柄) が全く変わってしまう微妙な言語なのです**。日本人は日本語で思考するのですから、このような違いがわからないことは論理的思考力の低下に直結します。英語教育もさることながら、国語教育の重要性はどんなに強調してもしすぎることはありません (もっとも「国語教育で何を教えるか」という問題はありますが)。

simply は、only と同様に、名詞を修飾できる副詞です (▶ No. 220)。simply は a way にかかって「単に方法に過ぎない」という意味になります。なお、これは「限定詞が持つ修飾関係切断機能」(▶ p. 93) に対する例外ではありません。simply が a の前から、a を乗り越えて way にかかるのであれば「限定詞が持つ修飾関係切断機能」に対する例外ということになりますが、そうではなくて、simply は a way の全体にかかっているのです (＝simply が修飾する対象には a も含まれているのです。ですから「a を乗り越える」とか「乗り越えない」という問題は起こらないのです)。

else は副詞ですが、名詞の後ろに置けば、前の名詞を修飾できます (▶ No. 151, 中学 38)。そこで someone else は「ほかのだれか」という意味になります。この someone else という語群の全体に「's」を付けて所有格にしたのが someone else's (ほかのだれかの) です (▶ p. 31)。

Part 5

F.o.R. 検定テスト
初級 A 問題

制限時間 60 分
辞書使用可
100 点満点
80 点以上が合格

問 1

各下線部について、設問の答えを番号ないし記号で答えなさい（文言で答えてもよい）。 （各 1 点　計 68 点）

品詞は？　①動詞　②名詞　③形容詞　④副詞　⑤前置詞　⑥助動詞
働きは？　⑦主語　⑧動詞の目的語　⑨前置詞の目的語　⑩補語
⑪名詞修飾　⑫動詞修飾　⑬形容詞修飾　⑭副詞修飾
何形か？　ⓐ原形　ⓑ現在形　ⓒ過去形　ⓓ過去分詞形　ⓔ ing 形
使い方は？　ⓕ受身　ⓖ完了　ⓗ進行形　ⓘ分詞構文
裸か、着物を着ているか？　ⓙ裸　ⓚ着物を着ている

This girl will[1] become[2] a great singer[3].

1–1　品詞は？
1–2　何形か？

2–1　何形か？

2–2　become は裸か、着物を着ているか？

3　働きは？

A man suddenly appeared round the corner of the street.

4 5 6

4　品詞は？

5　働きは？

6–1　品詞は？

6–2　働きは？

They felt towards her something near to pity.

7 8 9 10 11

7　品詞は？

8　働きは？

9　働きは？

10　働きは？

11　働きは？

The letter is being written by him.

12

12–1　is being written は何形か？

12–2　being written の品詞は？

12–3　being written は何形か？

12–4　being written の使い方は？

12–5　written の使い方は？

What harm has been done you?

13 14 15

13　品詞は？

14–1　been done は何形か？

14–2　been done の使い方は？

14–3　done の使い方は？

15　働きは？

By whom were you shown the way to the museum?

16　17

16　働きは？

17　shown の使い方は？

The letter will have been written by him by noon.

18

18–1　have の品詞は？

18–2　have は何形か？

18–3　been written は何形か？

18–4　been written の使い方は？

18–5　written の使い方は？

What have you been doing?

19　20

19　働きは？

20–1　been doing は何形か？

20–2　been doing の使い方は？

20–3　been の品詞は？

20–4　doing の使い方は？

How long have you been in America?

21　22　23

21　働きは？

22　働きは？

23　品詞は？

Yesterday John came to see you.
24 25

24　品詞は？

25–1 「前の品詞」は？

25–2 「前の働き」は？

My chief purpose has been to point out the difficulties of the matter.
26 27

26　been の品詞は？

27–1 「前の品詞」は？

27–2 「前の働き」は？

Having no money, I could not buy the book.
28 29 30

28–1　Having の使い方は？

28–2　Having の「前の品詞」は？

29　品詞は？

30　何形か？

I know the man driving that car.
31 32

31　何形か？

32–1　driving の「前の品詞」は？

32–2　driving の「前の働き」は？

How did you escape being punished?
33 34 35

33　働きは？

34　何形か？

35–1　being punished は何形か？

35–2　being punished は裸か、着物を着ているか？

35–3　being punished の「前の品詞」は？

He was elected [36] president [37] of the university being built [38] at Sendai.

36–1　was elected は何形か？

36–2　elected の使い方は？

37　働きは？

38–1　being bui1t の「前の働き」は？

38–2　bui1t は裸か、着物を着ているか？

38–3　built の使い方は？

I stayed at home to escape [39] being drenched [40] with rain.

39–1　to escape の「前の働き」は？

39–2　escape は何形か？

40–1　being drenched の「前の品詞」は？

40–2　being drenched は裸か、着物を着ているか？

What is the language spoken [41] in Brazil?

41　spoken の「前の働き」は？

問 2

（計 32 点）

1.　下の文章中の下線部①〜⑧の働きを次の 1〜7 から選びなさい。（各 1 点）
2.　下の文章中には従属節が 6 つ含まれている。各節の最初の 1 語と最後の 1 語を書き出し、かつその節の働きを次の 1〜7 から選びなさい。（各 4 点）
　解答例：I believe that he is a great scholar.　that – scholar – 2

1. 主語　2. 動詞の目的語　3. 前置詞の目的語　4. 補語　5. 名詞修飾
6. 副詞の働き　7. 同格

Nursing offers daily satisfaction to those who have a genuine desire ① to help others. It also provides such a wide range of job opportunities that a capable nurse can always be sure of a job.

Among the ②rewards of nursing are the ③challenges it offers. A badly injured person may need immediate and expert care. Medicines and equipment must be rushed to the patient's bedside. A nurse's greatest reward often is the knowledge that his or her skill has helped to relieve suffering or ④to save life.

Persons ⑤planning a career in nursing should also consider a number of other factors. Advances are being made steadily in nurses' salaries. But beginning salaries may be below those for other professions ⑥that require comparable preparation. Special courses ⑦taught in nursing schools help the nurse ⑧prepare for such tasks. Most professional nursing schools accept only students who rank in the upper half or upper third of their high-school graduating classes.

解答・解説

問 1 （各 1 点　計 68 点）

(1–1) ⑥助動詞　(1–2) ⓑ現在形
(2–1) ⓐ原形　(2–2) ⓚ着物を着ている
(3) ⑩補語　(4) ④副詞　(5) ⑨前置詞の目的語
(6–1) ③形容詞　(6–2) ⑪名詞修飾
(7) ⑤前置詞　(8) ⑨前置詞の目的語
(9) ⑧動詞の目的語　(10) ⑪名詞修飾　(11) ⑬形容詞修飾
(12–1) ⓑ現在形　(12–2) ①動詞　(12–3) ⓔ ing 形
(12–4) ⓗ進行形　(12–5) ⓕ受身　(13) ③形容詞
(14–1) ⓓ過去分詞形　(14–2) ⓖ完了　(14–3) ⓕ受身
(15) ⑧動詞の目的語　(16) ⑨前置詞の目的語　(17) ⓕ受身
(18–1) ⑥助動詞　(18–2) ⓐ原形　(18–3) ⓓ過去分詞形
(18–4) ⓖ完了　(18–5) ⓕ受身　(19) ⑧動詞の目的語
(20–1) ⓓ過去分詞形　(20–2) ⓖ完了　(20–3) ⑥助動詞　(20–4) ⓗ進行形
(21) ⑭副詞修飾　(22) ⑫動詞修飾　(23) ①動詞　(24) ④副詞
(25–1) ④副詞　(25–2) ⑫動詞修飾　(26) ①動詞
(27–1) ②名詞　(27–2) ⑩補語
(28–1) ⓘ分詞構文　(28–2) ④副詞
(29) ③形容詞　(30) ⓐ原形　(31) ⓑ現在形
(32–1) ③形容詞　(32–2) ⑪名詞修飾
(33) ⑫動詞修飾　(34) ⓐ原形
(35–1) ⓔ ing 形　(35–2) ⓙ裸　(35–3) ②名詞
(36–1) ⓒ過去形　(36–2) ⓕ受身　(37) ⑩補語
(38–1) ⑪名詞修飾　(38–2) ⓚ着物を着ている　(38–3) ⓕ受身
(39–1) ⑫動詞修飾　(39–2) ⓐ原形
(40–1) ②名詞　(40–2) ⓙ裸　(41) ⑪名詞修飾

現在　原

This girl will become a great singer.

a S aux ② a ⁿC

(この少女は大歌手になるだろう。)

過去

A man suddenly appeared round the corner of the street.

S ad ① ad a

(一人の男が突然通りの角を曲がって現れた。)

過去

They felt towards her something near to pity.

S ③ ad O a ad

(彼らは彼女に憐れみに近いものを感じた。)

現在

ing

現在 ing p.p.

The letter is being written by him.

S aux aux V ad

V

V

−③

(その手紙は今彼によって書かれている。)

p.p.

現在 p.p. p.p.

What harm has been done you?

a S aux aux V O

V

−④

(どんな害があなたに与えられましたか。)

過去

過去 p.p.

By whom were you shown the way to the museum?

ad aux S V O a

V

−④

(あなたは博物館へ行く道をだれに教えられましたか。)

p.p.
現在　原　p.p.　p.p.
The letter will have been written by him by noon.
S　aux　aux　aux　V　ad　ad
V
−③

(その手紙はお昼までには彼によって書き上げられているだろう。)

p.p.
現在　p.p.　ing
What have you been doing ?
O　aux　S　aux　V
V
③

(あなたは何をしていたんですか。)

現在　p.p.
How long have you been in America?
ad　ad　aux　S　①　ad

(あなたはどれくらいアメリカにいますか。)

過去　原
Yesterday John came to see you.
ad　S　①　ad | ③　O

(昨日ジョンが君に会いに来た。)

現在　p.p.　原
My chief purpose has been to point out the difficulties of the matter.
a　a　S　aux　②　^{n}C | ③　ad　O　a

(私の主な目的はその問題の諸困難を指摘することでした。)

ing　過去　原
Having no money, I could not buy the book.
ad | ③　a　O　S　aux　ad　③　O

(私はお金を持っていなかったので、その本を買えなかった。)

現在　ing
I know the man driving that car.
S　③　O　a | ③　a　O

(私はあの車を運転している男を知っている。)

ing

過去　原　ing　p.p.

How did you escape being punished?

ad　aux　S　③　aux　V

O　−③

（あなたはどうやって罰せられることを免れたのか。）

過去　ing

過去　p.p.　ing　p.p.

He was elected president of the university being built at Sendai.

S　aux　V　^{n}C　a　aux　V　ad

V　a　−③

−⑤

（彼は仙台に建設されつつある大学の学長に選ばれた。）

ing

過去　原　ing　p.p.

I stayed at home to escape being drenched with rain.

S　①　ad　ad　③　aux　V　ad

O　−③

（私は雨でずぶぬれになるのを免れるために家にいた。）

現在　p.p.

What is the language spoken in Brazil?

^{n}C　②　S　a　−③　ad

（ブラジルで話されている言葉は何ですか。）

問 2 （32 点）

1. （各 1 点）①5　②3　③1　④2　⑤5　⑥1　⑦5　⑧4

2. （範囲と働きの両方が正しければ 4 点。範囲が正しくて、働きが間違っていたら 2 点。範囲が間違っていて、働きが正しければ 0 点。たとえば［who – others – 5］は 4 点、［who – others – 4］は 2 点、［who – desire – 5］は 0 点）
［who – others – 5］［that – job – 6］［it – offers – 5］［that – life – 7］
［that – preparation – 5］［who – classes – 5］

現在　現在　原
Nursing offers daily satisfaction to those (who have a genuine desire to help
S ③ a O ad S ③ a O a ③

現在
others.) It also provides such a wide range of job opportunities ⟨that a capable
O S ad ③ a a O a 接 a

現在　原
nurse can always be sure of a job.⟩
S aux ad ② aC ad

現在　現在　p.p.
Among the rewards of nursing are the challenges (it offers.) A badly injured
ad a ① S S ③ ad a –③

現在　原
person may need immediate and expert care. Medicines and equipment
S aux ③ a + a O S + S

現在　原　p.p.　現在
must be rushed to the patient's bedside. A nurse's greatest reward often is the
aux –③ 前 a n a a S ad ②
ad

現在　p.p.　原　原
knowledge [that his or her skill has helped to relieve suffering or to save life.]
nC 接 a + a S aux ③ O ③ O + O ③ O
同格

ing　過去　原
Persons planning a career in nursing should also consider a number of other
S a ③ O a aux ad ③ a a

現在 ing p.p.
factors. Advances are being made steadily in nurses' salaries. But beginning
O S −③ ad 前 a n + a
ad

現在 原
salaries may be below those for other professions (that require comparable
S aux ① ad 前 a n S ③ a
a

p.p. 現在 原
preparation.) Special courses taught in nursing schools help the nurse prepare
O a S a | −③ ad ⑤ O aC | ①

現在
for such tasks. Most professional nursing schools accept only students (who
前 a n a a S ③ ad O S
ad

現在
rank in the upper half or upper third of their high-school graduating classes.)
① 前 a n + a n 前 a n
a
ad

1. It also provides such a wide range of job opportunities that a capable nurse can always be sure of a job.

これは such…that S + V です（▶ p. 191, No. 203, 218）。that は従属副詞節で、that…a job が「程度を表す副詞節」で such にかかっています。

2. Among the rewards of nursing are the challenges it offers.

文頭に「前置詞 + 名詞」の副詞句が来ると、第 1 文型は V + S というように倒置することが多いです（▶ p. 245, 258）。特に主語に形容詞節が付いているときは、ほとんど倒置します。

3. A nurse's greatest reward often is the knowledge that his or her skill has helped to relieve suffering or to save life.

the knowledge that his or her skill has helped to relieve suffering or to save life は「自分の技術が苦痛を和らげたり命を救うのに役に立ったということを知ること」という意味の名詞構文です（▶ No. 224）。

全訳 看護は、他人の助けになりたいという純粋な願望を持っている人たちにとって、日々満足を提供してくれる仕事である。また、看護は非常に広範囲な就業の機会を与えてくれるので、有能な看護師は常に仕事を得ることができる。

看護という仕事の報酬の一つに、それが与えてくれる、困難への挑戦の機会がある。重傷を負った人が緊急かつ専門的な治療を必要としているかもしれない。薬や医療器具を患者のベッドのところに急いで運ばなければならないこともある。看護師が仕事から得る最大の報酬は、多くの場合、自分の技術が苦痛を軽減したり、命を救ったりするのに役に立ったことを知ることである。

看護の分野で仕事につくことを計画している人は、ほかにも多くの要素を考慮しなければならない。看護師の給与水準は着実に向上しつつある。しかし、初任給は看護に匹敵する準備を必要とするほかの職業よりも低いだろう。看護学校で教わる専門課程は、看護師志望者がこの仕事の準備をするのに役立つ。たいていの看護学校は、高校卒業時の成績がクラスの上位 2 分の 1 か 3 分の 1 の学生しか受け入れない。

Part 6

F.o.R. 検定テスト
初級 B 問題

制限時間 60 分
辞書使用可
100 点満点
80 点以上が合格

問 1

各下線部について、設問の答えを番号ないし記号で答えなさい (文言で答えてもよい)。　(各 1 点 計 68 点)

品詞は？　①動詞　②名詞　③形容詞　④副詞　⑤前置詞　⑥助動詞
働きは？　⑦主語　⑧動詞の目的語　⑨前置詞の目的語　⑩補語
⑪名詞修飾　⑫動詞修飾　⑬形容詞修飾　⑭副詞修飾
何形か？　ⓐ原形　ⓑ現在形　ⓒ過去形　ⓓ過去分詞形　ⓔ ing 形
使い方は？　ⓕ受身　ⓖ完了　ⓗ進行形　ⓘ分詞構文
裸か、着物を着ているか？　ⓙ裸　ⓚ着物を着ている

I feel [lonely]1, [having]2 no one [to talk]3 to.

1　働きは？
2　使い方は？

3　働きは？

Her sole consolation was to watch her children playing in the garden.
4　5

4–1　to watch の「前の品詞」は？

4–2　to watch の「前の働き」は？

5　playing の「前の働き」は？

What is this flower called in English?
6　7　8

6　働きは？

7　品詞は？

8–1　called は裸か、着物を着ているか？

8–2　使い方は？

Mike felt greatly depressed after being refused a date.
9　10　11

9　働きは？

10–1　being refused は何形か？

10–2　being refused は裸か、着物を着ているか？

10–3　being refused の「前の働き」は？

10–4　being の品詞は？

10–5　refused の使い方は？

11　働きは？

She can’t stand being kept waiting.
12　13　14

12　何形か？

13–1　being kept は裸か、着物を着ているか？

13–2　being kept の「前の働き」は？

13–3　being の品詞は？

14　waiting の「前の働き」は？

Scolded by mother, the child began to cry.
15　16

15–1　何形か？

15–2　Scolded の「前の品詞」は？

16–1　cry は何形か？

16–2　to cry の「前の働き」は？

The development made possible by laser technology had formerly been only a dream.
17　18　19　20　21

17　何形か？

18　働きは？

19　働きは？

20　品詞は？

21　品詞は？

A lawyer for one of the drivers involved in an auto accident telephoned a man listed on the police report as a witness.
22　23　24

22　何形か？

23　何形か？

24　「前の働き」は？

Among the guests invited to the party were some ladies.
25　26　27

25　働きは？

26–1　何形か？

26–2　invited の「前の働き」は？

27　働きは？

He is being willfully blind to the realities of the situation.
28 29

28–1　何形か？

28–2　is の品詞は？

28–3　being の品詞は？

28–4　being の使い方は？

29　働きは？

Some good fairy must have been protecting me.
30 31 32

30–1　品詞は？

30–2　何形か？

31–1　been protecting は何形か？

31–2　been protecting の使い方は？

31–3　protecting の使い方は？

32　働きは？

He may have been hurt.
33 34

33　何形か？

34–1　been hurt は裸か、着物を着ているか？

34–2　been hurt の使い方は？

34–3　hurt の使い方は？

Having been caught in a traffic jam on my way, I was late for school.
35

35–1　何形か？

35–2　Having been caught の「前の品詞」は？

35–3　Having の品詞は？

35–4　been の品詞は？

35–5　been caught の品詞は？

35–6　been caught の使い方は？

35–7　caught の使い方は？

I don’t mind being offered[36] instruction[37], but I resent[38] having[39] it shoved[40] down my throat.

36–1　being offered は裸か、着物を着ているか？

36–2　being offered の「前の働き」は？

36–3　offered の使い方は？

37　働きは？

38　何形か？

39　having の「前の働き」は？

40–1　何形か？

40–2　shoved の「前の働き」は？

問 2

（32 点）

1. 下の文章中の下線部①～⑩の働きを次の 1～7 から選びなさい。（各 1 点）
2. 下の文章中には従属節が 11 個含まれている。各節の最初の 1 語と最後の 1 語を書き出し、かつその節の働きを次の 1～7 から選びなさい。（各 2 点）
   解答例：I believe that he is a great scholar.　that – scholar – 2

1. 主語　2. 動詞の目的語　3. 前置詞の目的語　4. 補語　5. 名詞修飾
6. 副詞の働き　7. 同格

In the newspaper I read of a man in London ①whose ②sight had just been restored. ③Having been ④blind from the age of two years, he had not remembered how the world and his fellow men appeared and in his blindness had formed some very curious notions, ⑤one of which was that most people were tall and slender and that the few who were fat were shaped like bottles. The most striking ⑥misapprehension he had acquired in his years of sightlessness was that he believed all human faces looked ⑦peaceful. However, surely, ⑧what the blind man felt in his ignorance should be so. For it is reasonable ⑨to believe that human faces were meant by God ⑩to look peaceful.

解答・解説

問 1　（各 1 点　計 68 点）

(1) ⑩補語　(2) ⓘ分詞構文　(3) ⑪名詞修飾
(4–1) ②名詞　(4–2) ⑩補語
(5) ⑩補語　(6) ⑩補語　(7) ⑥助動詞
(8–1) ⓚ着物を着ている　(8–2) ⓕ受身　(9) ⑩補語
(10–1) ⓔ ing 形　(10–2) ⓙ裸　(10–3) ⑨前置詞の目的語
(10–4) ⑥助動詞　(10–5) ⓕ受身
(11) ⑧動詞の目的語　(12) ⓐ原形
(13–1) ⓙ裸　(13–2) ⑧動詞の目的語　(13–3) ⑥助動詞
(14) ⑩補語　(15–1) ⓓ過去分詞形　(15–2) ④副詞
(16–1) ⓐ原形　(16–2) ⑧動詞の目的語　(17) ⓓ過去分詞形
(18) ⑩補語　(19) ⑫動詞修飾　(20) ⑥助動詞
(21) ①動詞　(22) ⓓ過去分詞形
(23) ⓒ過去形　(24) ⑪名詞修飾　(25) ⑨前置詞の目的語
(26–1) ⓓ過去分詞形　(26–2) ⑪名詞修飾　(27) ⑦主語
(28–1) ⓑ現在形　(28–2) ⑥助動詞　(28–3) ①動詞　(28–4) ⓗ進行形
(29) ⑩補語　(30–1) ⑥助動詞　(30–2) ⓐ原形
(31–1) ⓓ過去分詞形　(31–2) ⓖ完了　(31–3) ⓗ進行形
(32) ⑧動詞の目的語　(33) ⓐ原形
(34–1) ⓚ着物を着ている　(34–2) ⓖ完了　(34–3) ⓕ受身
(35–1) ⓔ ing 形　(35–2) ④副詞　(35–3) ⑥助動詞　(35–4) ⑥助動詞
(35–5) ①動詞　(35–6) ⓖ完了　(35–7) ⓕ受身
(36–1) ⓙ裸　(36–2) ⑧動詞の目的語　(36–3) ⓕ受身
(37) ⑧動詞の目的語　(38) ⓑ現在形　(39) ⑧動詞の目的語
(40–1) ⓓ過去分詞形　(40–2) ⑩補語

現在　ing　原

I feel lonely, having no one to talk to.

S　②　^{a}C　ad | ③　a　O　a | ①　ad

(話し相手がいなくて寂しい。(▶ p. 292 タイプ 2))

過去　原　ing

Her sole consolation was to watch her children playing in the garden.

a　a　S　②　^{n}C | ⑤　a　O　^{a}C | ①　ad

(彼女の唯一の慰めは、子供たちが庭で遊んでいるのを見守ることだった。)

現在

現在　p.p.

What is this flower called in English?

^{n}C　aux　a　S　V　ad

−⑤

(この花は英語で何と呼ばれますか。)

過去　ing　p.p.

Mike felt greatly depressed after being refused a date.

S　②　ad　^{a}C　前　n | −④　O

ad

(マイクはデートを断られてひどくがっかりした。)

ing

現在　原　ing　p.p.　ing

She can't stand being kept waiting.

S　aux　ad　③　aux　V　^{a}C | ①

O | −⑤

(彼女は待たされることを我慢できない。(▶ p. 382))

p.p.　過去　原

Scolded by mother, the child began to cry.

ad | −③　ad　S　③　O | ①

(母親に叱られて、その子供は泣き出した。)

p.p. 過去 p.p.

The development made possible by laser technology had formerly been only a dream.

S a | − ⑤ ^{a}C ad aux ad ② ad ^{n}C

（レーザー工学によって可能にされた発展は、以前は夢物語にすぎなかった。）

p.p. 過去 p.p.

A lawyer for one of the drivers involved in an auto accident telephoned a man listed on the police report as a witness.

S a a a | − ③ ad ③ O a | − ③ ad ad

（交通事故に巻き込まれたドライバーの一人についた弁護士が、警察の報告書に目撃者として記載されている男に電話をかけた。（▶ p. 437））

p.p. 過去

Among the guests invited to the party were some ladies.

ad a | − ③ ad ① a S

（パーティに招かれた客の中に何人かの女性がいた。（▶ p. 421））

現在

現在 ing

He is being willfully blind to the realities of the situation.

S aux V ad ^{a}C ad a

②

（彼は事態の現実に対して意図的に目をつぶっている。）

p.p.

現在 原 p.p. ing

Some good fairy must have been protecting me.

a a S aux aux aux V O

③

（きっとどこかの善良な妖精が私を守ってくれていたに違いないわ。（▶ p. 176））

p.p.
現在 原 p.p. p.p.
He may have been hurt.
S aux aux aux V
−③

（彼は負傷したかもしれない。）

ing
p.p.
ing p.p. p.p. 過去
Having been caught in a traffic jam on my way, I was late for school.
aux aux V ad ad S ② aC ad
V
ad −③

（途中で渋滞に巻き込まれたので、私は学校に遅刻した。）

ing
現在 原 ing p.p. ing p.p.
I don’t mind being offered instruction, but I resent having it shoved down my throat.
S aux ad ③ aux V O + S ③ O ⑤ O aC −③ 前 a ad n
O −④

（私は指示されることは嫌ではないが、それを無理強いされることには腹が立つ。）

shove . . . down one’s throat は「. . . を無理強いする」という意味の慣用的表現です。

問 2 （32 点）

1. （各 1 点）①5　②1　③6　④4　⑤1　⑥1　⑦4　⑧2　⑨1　⑩4

2. （範囲と働きの両方が正しければ 2 点。範囲が正しくて、働きが間違っていたら 1 点。範囲が間違っていて、働きが正しければ 0 点。たとえば［whose – restored – 5］は 2 点、［whose – restored – 2］は 1 点、［whose – been – 5］は 0 点）

［whose – restored – 5］［how – appeared – 2］［one – bottles – 5］［that – slender – 4］［that – bottles – 4］［who – fat – 5］［he – sightlessness – 5］［that – peaceful – 4］［all – peaceful – 2］［what – ignorance – 1］［that – peaceful – 2］

In the newspaper I read of a man in London (whose sight had just been restored.) Having been blind from the age of two years, he had not remembered [how the world and his fellow men appeared] and in his blindness had formed some very curious notions, (one of which was [that most people were tall and slender] and [that the few (who were fat) were shaped like bottles.]) The most striking misapprehension (he had acquired in his years of sightlessness) was [that he believed [all human faces looked peaceful.]] However, surely, [what

過去　過去　原　現在　原
the blind man felt in his ignorance] should be so. For it is reasonable to believe
a　S　③　前　a　n　aux　②　^{ad}C　+　仮S　②　^{a}C　真S ｜ ③
ad

過去　p.p.　原
[that human faces were meant by God to look peaceful.]
O　接　a　S　−⑤　ad　^{a}C ｜ ②　^{a}C

1.　Having been blind from the age of two years, he had not remembered how the world and his fellow men appeared

Having been は理由を表す完了分詞構文です。appear は「～のように見える」という意味のときは②で、補語には名詞か形容詞が来ます。どんな形容詞が来るのかわからないときは疑問副詞の how を使って尋ねます。How do S appear?（S はどのように見えますか？）となります。この場合の how は、品詞は副詞で、働きは補語です。なぜ疑問形容詞の what にしないかというと、疑問形容詞の what は必ず名詞修飾で使い、補語では使えないからです（▶中学 18）。

2.　However, surely, what the blind man felt in his ignorance should be so.

what the blind man felt in his ignorance（この盲目の人が知らずに感じたこと）は all human faces look peaceful（すべての人間の顔は温和に見える）ということです。したがって、この英文は「たしかに、この盲目の人が知らずに感じた『すべての人間の顔は温和に見える』ということはそうであるべきだ」という意味です。should be so（そうであるべきだ）の so は all human faces look peaceful を指しています。so は副詞ですが、補語になることができます。

3.　For it is reasonable to believe that . . .

For は等位接続詞で、前文と it is reasonable to believe that . . . という文を対等につないでいます。For 以下は「前文で示した話者の判断」の理由を述べています。

4.　human faces were meant by God to look peaceful

「S mean O to . . .」は「S は O が . . . する状態を意図する⇒ S は O に . . . させるつもりである」という意味の第 5 文型です。これを受身にした「S is meant to . . .（S は . . . するように意図されている）」は、文脈に応じて「S は . . . することになっている」「S は . . . するためのものである」「S は . . . するとされている」などいろいろな意味に変化します。ここは「人間の顔は温和に見えるように神様によって意図されていた」という意味です。

全訳　私は、新聞でロンドン在住の視力が戻ったばかりの人の話を読んだ。この人は、2

歳のときから視力を失ったために、周りの世界、周りの人々がどんなふうに見えるかという記憶がなく、目が見えない間に、非常に奇妙な考え方をするようになっていた。その一つは、たいていの人は背が高くやせていて、わずかにいる太った人はビンのような体型をしているというものだった。視力をなくしていた年月の間にこの人がした思い違いの中で最も風変わりなのは、人間はみな温和な顔つきをしていると信じていたことである。しかし、この盲目の人が知らずに感じたことは、たしかにそうあるべきなのだ。なぜなら、人間の顔が温和に見えるのが神様の御意志だったのだと信じることは道理にかなったことだからである。

索　引

「中 33」は「中学 1 年生で学ぶ英文」の問題 33 を指す。
「31」は「ドリル初級」の問題 31、「203」は「ドリル中級」の問題 203 を指す。
「検 A 問 1」は「F.o.R. 検定テスト 初級 A 問題」の問 1 を指す。

文法索引

【A】

【B】

【C】

【D】

【E】

【F】

【G】

【H】

【I】

【J】

【K】

【L】

【M】

【N】

【O】

【P】

【S】

【T】

【W】

表現索引

基本文法《きほんぶんぽう》から学《まな》ぶ　英語《えいご》リーディング教本《きょうほん》
実践演習《じっせんえんしゅう》

● 2023 年 6 月 30 日　初版発行 ●

● 著　者 ●

薬袋　善郎

● 発行者 ●

吉田　尚志

● 発行所 ●

株式会社　研究社

〒102-8152 東京都千代田区富士見 2-11-3
電話　営業 (03)3288-7777 (代)　編集 (03)3288-7711 (代)
振替　00150-9-26710
https://www.kenkyusha.co.jp/

KENKYUSHA
〈検印省略〉

● 印刷所 ●

図書印刷株式会社

● 装丁 ●

Malpu Design (清水良洋)

ISBN 978-4-327-45315-2 C1082　Printed in Japan